cLv

## Widmung

Dieses Buch ist zur Erinnerung meinem ersten Ehemann,
Steve Kennedy, gewidmet, der mich zum HERRN geführt
und mir bei den Anfängen dieser Studienunterlagen
geholfen hat.

*Kostbarer als Korallen* ist auch meinem jetzigen Mann, Gary,
gewidmet, der meinen Horizont erweiterte und half,
diese Arbeit fertigzustellen.

Wanda Sanseri

Wanda Sanseri

# Kostbarer als Korallen

## Trainingkurs für Frauen

clv
Christliche
Literatur-Verbreitung e.V.
Postfach 110135 • 33661 Bielefeld

Die Bibelzitate sind der revidierten Elberfelder Übersetzung,
Brockhaus-Verlag, Wuppertal, entnommen.

1. Auflage 1993
2. Auflage 1999

© der amerikanischen Ausgabe 1987
by Wanda Kennedy Sanseri
Originaltitel: God's Priceless Woman
© der deutschen Ausgabe 1993
by CLV • Christliche Literatur-Verbreitung
Postfach 110135 • 33661 Bielefeld
Übersetzung: Dietmar und Brinsi Klose, Wien
Umschlag: Dieter Otten, Gummersbach
Satz: Enns Schrift & Bild, Bielefeld
Druck und Bindung: Druckhaus Gummersbach

ISBN 3-89397-236-6

# Inhalt

# Wie Sie den größten Nutzen aus diesem Studium ziehen

Folgende Richtlinien werden diese Schulung für Ihr Leben bedeutungs- und wirkungsvoller machen.

## 1. Nehmen Sie an einer Gruppe teil

Obwohl Sie dieses Material auch alleine studieren können, schlagen wir vor, daß Sie den Kurs entweder im Rahmen einer Zweierbeziehung oder einer kleinen Gruppe gemeinsam mit anderen Frauen durcharbeiten. Gemischte Gruppen (Unterschiede im Alter und Familienstand) wie auch Gruppen mit einem besonderen Interesse (z.B. nur junge Unverheiratete) haben diesen Kurs mit gleichem Erfolg verwendet.

## 2. Treffen Sie sich jede Woche

Das erste Treffen dient zum Kennenlernen, darauf folgen 26 wöchentliche Treffen mit Hausaufgaben. Die Frauen sollten sich vornehmen, alle 27 Termine zu besuchen, um den größtmöglichen Gewinn aus dem Studium zu ziehen. Beteiligen Sie sich nach Möglichkeit schon von Beginn des Bibelstudiums an, da die Lektionen fortlaufend sind und aufeinander aufbauen. (Wenn es für eine Gruppe zeitlich nicht möglich ist, den Kurs 27 Wochen lang laufen zu lassen, können je zwei Lektionen zusammengefaßt, und der Kurs in vierzehn Wochen durchgemacht werden.)

## 3. Machen Sie ihre Hausaufgaben

Die Studienblätter sollen das Studium im Wort selbst unterstützen und zu persönlichen Anwendungen anregen. Die Hausaufgaben sollten zuerst gemacht werden. Lesen Sie dann die Lektionen, um das Gelernte genauer abzuklären und zu vertiefen.

## 4. Suchen Sie sich einen Gebetspartner

Sprechen Sie sich beim ersten Zusammentreffen mit einem oder mehreren Gebetspartnern aus der Gruppe ab. Nehmen Sie sich nach Möglichkeit jeden Tag Zeit, um füreinander zu beten, und beten Sie zumindest einmal pro Woche gemeinsam.

## 5. Führen Sie ein Stille Zeit-Tagebuch

Es ist empfehlenswert, ein eigenes Notizheft für Aufzeichnungen aus der täglichen persönlichen Zeit mit dem Herrn zu führen. In Lektion 6 wird es zum Teil darum gehen, Anwendungen aus der persönlichen Stillen Zeit dieser Woche auszutauschen.

## 6. Wählen Sie ein Haushaltsprojekt

Viele Gruppen haben Freude daran, zusätzlich Haushaltsprojekte zu planen. Manche zeigen jede Woche ihre Erfolge. Andere Gruppen ermutigen die einzelnen, sich ein Gebiet zu wählen, auf dem sie während des Kurses Fortschritte machen wollen. Am letzten Abend könnten die Frauen dann ihre Projekte den anderen zeigen. Verbessern kann man beispielsweise Fähigkeiten wie Kochen, Nähen, Sticken, Basteln, Wohnungsgestaltung, Gartenarbeit, Säuglings- oder Kinderpflege.

## 7. Lernen Sie Schlüsselverse auswendig

Wenn Sie sich vornehmen, Verse aus Sprüche 31 und Titus 2, 3-5 auswendig zu lernen, wird es Ihnen beim Nachdenken eine Hilfe sein. Gebetspartner, die sich dazu entschließen, sollten einander zu einer für sie günstigen Zeit abfragen.

# Erfülltes Leben – ohne Feminismus

Meine Hände schwitzten als ich sie fest aneinander drückte. In Kürze soll-ten die Ergebnisse bekanntgegeben werden. Habe ich gewonnen? Ich wünschte mir nichts mehr, als die erste Frau zu sein, die gewählt wurde, damit die Welt sähe, daß ich fähig und wichtig bin, in einer leitenden Posi-tion – eine bedeutende Frau. Es war in den sechziger Jahren, den Anfän-gen der feministischen Bewegung. Nur wenige Frauen waren in Bereiche vorgedrungen, die bisher von Männern dominiert wurden. Ich hatte einen Vorteil: Mein Vater, ein liberaler Pastor, hatte mich für Leiterschaft trai-niert. Seit meinem 15. Geburtstag hatte er mir in regelmäßigen Abständen das Rednerpult überlassen, bei Jugendversammlungen oder um ihn zu ver-treten, wenn er wieder einmal eine Nierenkolik hatte. Aber würden mich jetzt meine Altersgenossen für diese neue Auszeichnung im Leitungsteam der Gemeinde akzeptieren?

„Dreihundert Gemeinden sind heute hier vertreten", begann der Vorsitzen-de, „und ich habe die Ehre, Euch den neugewählten Jugendleiter unseres Bezirkes vorzustellen: ..." Ich schloß meine Augen und bemühte mich, gleichgültig zu bleiben. Der Redner hielt inne, um es spannend zu machen und verlautbarte dann deutlich: „Wanda Wise!"

Ich schrie vor Freude auf und stürmte auf die Bühne. Stimmt es wirklich? Bin ich gewählt worden? Ich war meinem größten Traum einen Schritt näher: der Aussicht, die erste Frau als Pastor in meiner Denomination zu sein. Auf dem Weg nach vorne entdeckte ich Mike, einen meiner Gegen-kandidaten. Er versuchte zu lächeln, doch konnte er seine Enttäuschung nicht verbergen. Er ließ seine breiten Schultern vor Niedergeschlagenheit und Scham hängen. Meine Freude war sein Schmerz. Nicht nur daß er ver-loren hatte, er war einer Frau unterlegen. Das Bild Mikes verfolgte mich. War mein Traum falsch gewesen? Ich hielt mir noch einmal alle meine Fähigkeiten vor Augen. Ich würde eine gute Arbeit leisten. Kam es darauf an? War es ein Sieg? Hatte ich nun wirklich, was ich wollte? Ich versuch-te, diese Fragen zu vertreiben, und mich über meine neue Ehre zu freuen.

Auf der Hochschule belegte ich Theologie als Hauptfach. In meinem drit-ten Jahr stellte mich eine große Gemeinde als Teilzeit-Jugendvorstand an. Ich war die einzige weibliche Bewerberin in der Gruppe der Männer, die sich um eine Stelle bewarben, die bisher stets mit Männern besetzt worden war. Ich hatte bewiesen, daß ich den Vorrang vor Männern erlangen konnte, doch als ich die Auswirkungen auf die Männer betrachtete, erschien mir mein Sieg wertlos. Hatte mein Traum meine eigenen Interessen über die besten Absichten der anderen gestellt? Ich wollte Gott durch mein Leben verherrlichen. Wie wollte er mich gebrauchen?

Damals begann ich, was ich nie zuvor wirklich ernsthaft getan hatte: Ich las in der Bibel. Dort entdeckte ich das Geheimnis des Dienstes. Mein Verlangen, mich selbst zu erhöhen und mit Männern wettzueifern, nahm ab. Bald sollte ich erkennen, wie unzulänglich ich auf meine neue Berufung Gottes vorbereitet war.

Ich schloß die Hochschule mit dem Lehramtsdiplom ab und begann, in einer Mittelschule Englisch zu unterrichten. Sechs Monate später heiratete ich Steve Kennedy. Ich wollte in meiner knappen freien Zeit, die nach der Schule blieb, die bestmögliche Ehefrau sein.

Eine Küche zu haben, auch wenn sie sehr sonnig war, machte mich nicht automatisch zu einer tüchtigen Köchin. Bei den einfachsten Dingen, wie Rührei machen oder Mais kochen, mußte ich das Kochbuch zu Rate ziehen. Ich würzte viele Gerichte zu stark und kochte andere nicht ausreichend lange. Die Gesellschaft hatte mich auf alles vorbereitet, nur nicht auf meine weibliche Rolle in der Ehe. Ich sehnte mich danach, die perfekte Ehefrau zu sein. Aber wann? Jeden Abend kam ich erschöpft nach Hause, beladen mit Schularbeiten, die verbessert werden mußten, und mit Stundenvorbereitungen für den nächsten Tag. Ich fühlte mich im Kampf gegen mich selbst gefangen. Vom Unterrichten untertags müde, war ich am Abend manchmal verstimmt, wenn mich mein Mann brauchte. Zu anderen Zeiten ärgerte ich mich über die Heimarbeit aus der Schule, die meiner Ehebeziehung in die Quere kam. Ob ich wollte oder nicht: ich hatte keine Zeit für Steve.

Anstelle meines früheren Verlangens, einen bedeutenden Platz außer Haus zu finden, strebte ich nun danach, eine gottesfürchtige Hausfrau zu sein. Als ich nach zwei Jahren die Entscheidung traf, den Lehrberuf aufzugeben, waren alle schockiert. Ich hatte „Erfolg" gehabt. Warum sollte ich ihn gegen die „Plage und Langeweile" des Haushaltes eintauschen? Mary LaGrand Bouma faßt die Entdeckung, die ich machte, in ihrem Buch „Die kreative Hausfrau" so zusammen:

„Wenn wir uns entscheiden, diese außergewöhnliche Aufgabe ‚Haushaltsführung' nicht zu erfüllen, so wird sie ganz einfach nicht getan werden. Das Muttersein, das Pflegen, Trösten und Sorgen, das den Tag einer hingegebenen Hausfrau ausfüllt, wird einfach abhanden kommen, und die

Gesellschaft wird verarmen. Kinder werden nicht die geistliche Führung bekommen, die sie brauchen. Einsamen Jugendlichen wird niemand zuhören. Vielen Menschen mit Problemen wird nicht geholfen werden, und viele kranke Leute werden unbesucht bleiben. Ein besonderer menschlicher Wert wird aus unserer Kultur verschwinden.

Wenn Frauen ihre Berufe als Sekretärinnen, Ingenieure, Verkäuferinnen oder Ärztinnen aufgeben, werden andere Menschen ihren Platz einnehmen, und die Welt wird reibungslos weiter gehen wie zuvor. Das Geschäftsleben wird seinen gewohnten Lauf nehmen. Die Lebensmittel werden weiterhin verkauft werden, die Lastwagen werden mit ihren Waren weiter über unsere Straßen rollen, und die Börsen werden weitermachen. Nicht aber der Haushalt. Wir sind die ausgewählten Menschen, deren Händen die Haushalte des Landes und der ganzen Welt anvertraut wurden. Wenn wir diese Arbeit aufgeben, wird die Welt nicht weiter gehen wie bisher. Sie beginnt zu schwanken und verliert die Orientierung. Wir Hausfrauen sind unentbehrlich." [1]

Ich erkannte, daß sich mir als Frau genug Herausforderungen stellten, um beschäftigt und erfüllt zu sein, aber ich fühlte mich in einem Punkt betrogen: Warum hatte es mir niemand früher gesagt? Warum mußte so viel von meinen Kräften in fruchtlose und enttäuschende Bemühungen fließen?

Ich stieß auf einen Abschnitt von nur wenigen Versen, der alles in das rechte Licht rückte. Gott hatte tatsächlich die Absicht, daß mich jemand lehren sollte, eine gottesfürchtige Frau zu sein. Er wollte nicht, daß ich im Dunkeln tappe und dem sinnlosen Ruf der Welt folge. Ich hatte mich unnötigerweise abgemüht, weil die Generation vor mir ihre Aufgabe nicht erfüllt hatte. Die älteren Frauen, die mich hätten lehren sollen, hatten versagt. In Titus 2, 3-5 werden die älteren Frauen ermahnt, die jüngeren zu lehren. Diese Aufforderung enthält eine Warnung: Wenn ältere Frauen die jüngeren nicht unterweisen, wird Gottes Wort verlästert werden.

Wie sollte ich auf meine Entdeckung reagieren? Ich hätte vor Wut kochen und für all meine Probleme die älteren Frauen in meinem Leben verantwortlich machen, oder aber mich auf meine eigene Verantwortung konzentrieren können. Mit meinen 23 Jahren konnte man mich kaum als ältere Frau bezeichnen. Aber junge Frauen werden eines Tages alt. Ich wollte mich auf diesen Tag vorbereiten.

---

[1] Mary La Bouma, The creative homemaker, Bethany Fellowship Minneapolis, Minnesota, 1973, S. 169.

Einige Jahre später übersiedelten wir in einen anderen Bundesstaat. In unserer neuen Gemeinde, der *Fairhaven Bible Chapel*, beobachtete ich die alleinstehenden Mädchen, die höhere Schulen oder die Hochschule besuchten oder bereits berufstätig waren. Ich erinnerte mich an mein eigenes Bedürfnis nach jemandem, der weiser war als ich. Ich war nur um wenige Jahre älter, aber ich fühlte mich verantwortlich, die Geheimnisse preiszugeben, die ich gelernt hatte. Im Herbst des Jahres 1974 lud ich mit dem Einverständnis der Gemeindeleiter 16 Mädchen ein, gemeinsam mit mir ein dreimonatiges Bibelstudium zu machen. Diese erste Zelle von Mädchen in San Leandro in Kalifornien inspirierte mich bei der Abfassung des ersten Entwurfes von *Kostbarer als Korallen*.

Als ich meine eigenen Unzulänglichkeiten und die Notwendigkeit erkannte, ältere Frauen in das Leben dieser Mädchen miteinzubeziehen, setzte ich ein geheimes Gebetspartner-System ein. Für jede Kursteilnehmerin fand sich eine ältere gläubige Frau in der Gemeinde, die versprach, während der drei Monate unseres Kurses täglich für sie zu beten. Ich gab den älteren Frauen eine Kopie des Kursprogrammes und schlug für jede Woche Gebetsanliegen vor. Am letzten Abend unserer Kurstreffen luden die Frauen zu einem Essen ein. Jedes der Mädchen teilte mit, was sie gelernt hatte, und lernte die Frau kennen, die besonders für sie gebetet hatte.

Später hatten mein Mann und ich die Gelegenheit, Ehepaare in unserer Gemeinde zu Leitungsaufgaben heranzubilden. Ich entdeckte etwas, das mich vollkommen überraschte. Es hätte mich vielleicht nicht so sehr überraschen sollen, aber ich war doch erstaunt: Alleinstehende und Verheiratete sind gar nicht so verschieden. Die Ehefrauen brauchten dieselben grundlegenden Gedanken, die ich mit den jungen Mädchen studiert hatte. Die Anwendungen mögen unterschiedlich sein, aber die Prinzipien bleiben dieselben. So überarbeitete ich den Kurs *Kostbarer als Korallen*, um diese jungen Ehefrauen und Mütter zu lehren.

Das Leben ist nicht statisch. Als ich Anfang Dreißig war, stand ich vor einer neuerlichen persönlichen Prüfung. Mein Mann, Vater von drei Jungen im Vorschulalter, starb an einem Gehirntumor. Eine Tragödie? Ich kann mir nur wenige Dinge vorstellen, die schlimmer sind, und doch hatte Gott mich auf Seine Weise darauf vorbereitet. Die Prinzipien, die ich in *Kostbarer als Korallen* aufgezeigt hatte, halfen ‚mich durchzutragen' und gaben mir Sinn in dieser Zeit der Belastung. Durch mein Anliegen, Frauen zu schulen, erkannte ich diese Gelegenheit. Als verheiratete Frau hatte ich Alleinstehenden Dinge weitergegeben, von denen ich mir wünschte, daß ich sie von jemandem gehört hätte, als ich alleine war. Nun, da ich wiederum alleinstehend war, konnte ich diese Ideale verwirklichen. Ich las, daß die Chancen auf eine neuerliche Heirat für mich als alleinerziehenden Elternteil ungünstig standen. Ich lernte eine neue Herausforderung kennen: die Möglichkeit zu akzeptieren, daß man das ganze Leben lang alleine bleibt. Meine eigene glückliche Ehe hatte mich von den Schmerzen, die viele erleben, abgeschirmt, so daß ich sie nicht verstehen konnte. Als ich aber meinen Partner verlor, erweiterte sich mein Dienst auf Frauen, die wieder alleine waren: Geschiedene, Witwen und Frauen, die zu Hause nur eine schwache Führung durch ihren Mann genossen.

Gruppen, die so weit entfernt waren wie Kanada oder Colorado, hörten von *Kostbarer als Korallen* und baten um Erlaubnis, den Bibelkurs zu verwenden. Mein Versuch, den Termin für die Überarbeitung einzuhalten, führte zu einer besonderen Überraschung vom Herrn. Eine Lektion bereitete mir Kopfzerbrechen; ich brauchte eine frische Beurteilung. Samstag abends bat ich den Herrn, mir jemanden als Hilfe zu schicken. Am Sonntag predigte Gary Sanseri aus Portland in Oregon in unserer Gemeinde. Ich sah, daß er eng mit dem Herrn verbunden lebte. Nach der Versammlung bewegte sich die Menge langsam zu den verstopften Ausgängen, und so kam ich „zufällig" neben ihm zu stehen. Er stellte sich vor und kam auf das Thema der Lektion zu sprechen, für die ich am Abend zuvor gebetet hatte. Da ich die Lektion „ganz zufällig" in meine Bibel gesteckt, und weil er das Thema bereits unabhängig davon studiert hatte, bat ich ihn, sie für mich zu redigieren. Gary erklärte sich freundlich dazu bereit, als wir uns verabschiedeten. Er brach auf und fuhr wieder nach Hause, 700 Meilen in den Norden.

Ich wußte damals nicht, wie bedeutsam diese kurze Begegnung werden sollte, nicht nur für die Entwicklung dieses Kurses, sondern auch für mein persönliches Leben. Wie versprochen, sandte Gary meine Lektionen zurück. Seine Ergänzungen entsprachen dem, was ich nötig hatte, aber er blieb nicht dabei stehen. Er fügte einen neun Seiten langen Brief hinzu. Ich hatte um einen Herausgeber gebetet; Gott gab mir viel mehr. Eine fünfminütige „zufällige" Begegnung führte zu einer lebenslangen Partnerschaft. Ein Jahr später heiratete ich Gary und wurde Stiefmutter von zwei Jungen und einem Mädchen. Drei weitere Kinder und ein neuer Ehemann erweiterten die Schau für meinen Dienst. Die Anpassung an einen neuen Partner und sechs Kindern Mutter zu sein, sind eine Herausforderung. Wie froh bin ich, daß ich schon Jahre zuvor begonnen hatte, mich auf meine Rolle vorzubereiten!

Im Jahr 1984 ersuchte ein Christ aus der Gegend von Los Angeles, 1300 Meilen südlich, um Erlaubnis, den Kurs für die *Claremont Bible Chapel* zu verwenden. Die Bibelstudiengruppe in Los Angeles setzte sich aus jungen Singles, Jungverheirateten, Müttern mit kleinen Kindern, Müttern von Jugendlichen und Frauen aus dem christlichen Altenwohnheim zusammen. Diese Gruppe bewies auf lebendige Art und Weise, daß allgemeine Prinzipien nicht auf ein bestimmtes Alter oder bestimmte Lebensumstände beschränkt sind.

Im Jahr 1989 wuchs der Interessentenkreis für diesen Kurs wieder weiter. Christliche Verleger aus dem deutschen Sprachraum und Italien baten um die Rechte, den Kurs zu übersetzen. Gregg Harris von *Christian Life Workshops* erklärte sich bereit, die Arbeit in den Vereinigten Staaten offiziell zu veröffentlichen. Was bisher im Land als Fotokopie weitergereicht wurde, ist nun viel einfacher erhältlich.

Ob wir jung oder alt sind, unverheiratet, verheiratet oder wieder alleine, ob wir in Kanada, in Europa oder in den USA leben, es gelten dieselben biblischen Ermahnungen. Ich bete darum, daß ein Heer von Frauen auf der ganzen Welt dem lebensnotwendigen Aufruf nachkommt und lernt, andere gottesfürchtige Frauen zu lehren. Mögen wir die Reihen mit Töchtern und bekehrten Frauen füllen, die in ihrer Jugend tiefe Erkenntnisse sammeln, die sie der nächsten Generation weitergeben. „Das graue Haar ist eine prächtige Krone, auf dem Weg der Gerechtigkeit findet man sie" (Sprüche 16,31).

# Erfülltes Leben – ohne Feminismus

*Studienblatt*

## Das Geheimnis des Erfolges: eine rechte Schau

1. Die Bibel warnt: „Wenn keine Vision da ist, verwildert ein Volk"
(Sprüche 29,18a). Wir Frauen müssen wissen, wohin wir gehen. Beurteilen Sie Ihre Vorstellungen über das Frausein. Wie denken Sie über
sich selbst? Erklären Sie Ihre Gedanken!

   Haben sich Ihre Vorstellungen geändert, seitdem Sie gläubig geworden
sind?

2. Denken Sie an eine lebende Frau, die Sie bewundern. Warum schätzen
Sie sie? Inwiefern wurden Sie von ihr motiviert?

3. Denken Sie an eine Frau, die einen negativen Einfluß auf Ihr Leben
ausgeübt hat. Inwiefern hat sie Ihnen geschadet?

4. Denken Sie an eine Frau in der Bibel, die Sie achten. Wodurch ist sie in Ihren Augen hervorstechend?

5. Lesen Sie Titus 2,3-5. Welche Eigenschaften, die Sie in den Punkten 1 bis 4 erwähnt haben, finden sich in der Beschreibung im Titusbrief?

Sind irgendwelche Eigenschaften, die Sie schätzen, mit den Versen in Titus unvereinbar?

6. Suchen Sie wenn möglich einen Gebetspartner. Lesen Sie Punkt 4 der Erklärung „Wie Sie den größten Nutzen aus diesem Studium ziehen".

# Das Modell nach Titus 2

*Studienblatt*

Lesen Sie Titus 2,1-5 in so vielen Übersetzungen wie möglich. Beantworten Sie die folgenden Fragen (Ihre Antworten müssen nicht erschöpfend sein. Jeder dieser Punkte wird ausführlich in eigenen Lektionen behandelt werden).

1. Nicht alle Frauen sind fähig, andere zu lehren. Welche Voraussetzungen nennt Paulus?

2. Wie kann eine Frau Gott fürchten? Warum wird Ihrer Meinung nach der heilige Lebenswandel als erste Voraussetzung genannt?

3. Warum ist die Beherrschung der Zunge so wichtig für Frauen? Fällt Ihnen ein Beispiel ein, wie durch eine verleumderische Frau der Name Gottes entehrt oder sein Werk gehindert wurde?

4. Was bedeutet Selbstbeherrschung? Warum ist es wichtig, daß sich eine gottesfürchtige Frau nicht dem Wein oder sonst einer Ausschweifung hingibt?

5. Wie können wir in anderen eine Liebe zu ihrem Ehemann, ihren Kindern und ihrem Zuhause anfachen? Welche Auswirkungen haben Sie beobachtet, wenn sich eine Frau ihrem Mann nicht anpassen will?

6. Was können die „guten Dinge" sein, die wir lehren sollen?

# Das Modell nach Titus 2

Was wir für wichtig halten, wirkt sich auf unsere Handlungen aus. Der Artikel von Hilary Cosell ‚Hatten wir die falschen Träume?' in der Zeitschrift *Ladies' Home Journal* zeigt, wie Wünsche unser Leben beeinflussen können.

Eine Fernsehwerbung, die sie als Kind sah, machte auf sie einen bleibenden Eindruck. Sie erzählt:

„Der Werbespot war unvergeßlich. Eine Bildmontage modischer Frauen, die vor dem Panorama einer Großstadt auftauchten und wieder verschwanden. Eine Frau nach der anderen, jede sah noch attraktiver, wichtiger und einflußreicher aus als ihre Vorgängerin. Raffiniert geschnittene Kostüme, Aktenkoffer, hübsche Schuhe, Absätze, die das Pflaster entlang klapperten, hinein in Wolkenkratzer und die Treppen hinauf, um hinter einem großen Schreibtisch auszuruhen. Alles zusammen vermittelte ein Bild von Selbstvertrauen, Zielbewußtsein, Ernsthaftigkeit... Ich behielt diese perfekten Geschäftsfrauen in Erinnerung, um sie später wieder hervorzurufen. Es war ein geheimer, stiller Antrieb."

Wie weit hat dieses Wunschbild Hilary gebracht? Sie hatte beruflichen Erfolg und machte Karriere als Produktionsassistentin einer Nachrichtenagentur. War sie glücklich?

„Stellen Sie sich meinen Schock, ja beinahe mein Trauma vor", ruft Hilary, „als ich erkannte, daß ich etwas anderes wollte, etwas anderes BRAUCHTE. Als ich erkannte, daß ich meine Arbeit liebte ... und sie haßte. Daß sie mein ganzes Leben war. Daß es überhaupt kein Leben war. Das hatte ich nun davon: Nach zehn, zwölf oder manchmal mehr Stunden in der Arbeit kam ich ziemlich erledigt nach Hause... gelangweilt, ausgelaugt. Zu nichts anderem zu gebrauchen, als wieder aufzustehen und das ganze von vorne zu wiederholen."

Hilary hatte eine Freundin, Jane, eine verheiratete Frau mit einem Sohn. Jane ist eine hochrangige Redakteurin einer staatlichen Zeitschrift. „Ich bin dauernd erschöpft", bekennt sie. „Der Großteil meines Lebens scheint wie ein Dampf vorbeizuziehen. Ich bin eine überarbeitete Angestellte, eine übermüdete Mutter, eine unzuverlässige Freundin und eine Teilzeit-Ehefrau. Wirklich eine Superfrau, oder?"

Ich dachte über dieselben Fragen nach wie Hilary und Jane. „Warum fühlte ich mich so leer und unerfüllt?" In jungen Jahren, Anfang Zwanzig, hatte ich alles, wonach ich mich sehnte: einen erfolgreichen Beruf und einen Mann, der mich liebte. Ich hatte sorgfältig auf den Rat der älteren Frauen in meinem Leben gehört. Ich erlangte mein Hochschuldiplom. Ich folgte der Philosophie des Feminismus. Aber das Beste der Welt füllte die Leere nicht aus.

Dann traf ich Pat. Sie hatte das, wonach ich trachtete. Was war es? Ich beobachtete sie genau, um den Schlüssel zu entdecken. Als einfacher Hausfrau fehlte ihr das künstliche Verhalten meiner Kolleginnen. Ihr Mann schien liebevoll zu sein. Er leitete sie, aber nicht ohne ihre Ansichten zu achten. Ihr Zuhause strahlte Wärme aus. In ihrer Nähe fühlte ich mich zufrieden und wertvoll.

Ich hatte mein Leben Monate zuvor dem Herrn Jesus übergeben, aber es braucht Zeit, bis sich Einstellungen ändern. Ich stellte Pat Fragen, und sie beantwortete sie mit der Bibel. Zwei Abschnitte veränderten mein Denken und gaben mir als Frau eine Richtschnur für mein Leben. Pat vermittelte mir eine Schau. Sie deckte meine tiefste Sehnsucht auf und zeigte mir die Antwort auf meine Not. Sie zeigte mir, wie mein Leben zählen konnte.

Der Auftrag der Bibel ruft nach mehr Frauen wie Pat, nach mehr Frauen, die den reichen Plan des Schöpfers für Frauen verstehen, und die ein Beispiel für Freude und Erfüllung sind. Eine solche Frau wird in Titus 2,3-5 beschrieben. In drei Versen gibt Gott einen Überblick, wo Frauen am meisten gebraucht werden. Es ist eine einfache, aber tiefgründige Botschaft.

„Ebenso die alten Frauen in der Haltung, wie es der Heiligkeit geziemt, nicht verleumderisch, nicht Sklavinnen von vielem Wein, Lehrerinnen des Guten; damit sie die jungen Frauen unterweisen, ihre Männer zu lieben, ihre Kinder zu lieben, besonnen, rein, mit häuslichen Arbeiten beschäftigt, gütig zu sein, den eigenen Männern sich unterzuordnen, damit das Wort Gottes nicht verlästert werde."

Hilary sah einen Werbespot, der ihr Leben beeinflußte, aber die Träume bestanden nicht den Test der Realität. Ihr Ziel brachte keine Zufriedenheit.

Die Verse in Titus 2, eine Skizze, die so knapp gehalten ist wie eine kurze Annonce, wurden meine neuen, grundlegenden Lebensverse. Titus 2 faßt Gottes Botschaft für Frauen zusammen. Mir waren die Konsequenzen nicht ganz bewußt, aber ich wollte beobachten, befolgen und an Verständnis zunehmen. Ich wußte, ich würde mit der Zeit die Bedeutung erfassen. Ich stand an einem Anfangspunkt, einem Grundstein, mit dem ich das Leben und andere Bibelstellen vergleichen konnte.

## Warum man die Eigenschaften nach Titus 2 entwickeln soll

Es gibt zumindest drei Hauptgründe, warum jede Frau die Eigenschaften anstreben sollte, die die Frau in Titus 2 vorführt.

*1. Die Eigenschaften im Vorbild von Titus 2 sind unabhängig von Alter oder Stand erforderlich*

Die Charaktereigenschaften im Titusabschnitt sind nicht auf Ehefrauen und Mütter beschränkt. Gefordert wird eine geistliche Lebensschau und nicht ein Ehering. Die Frau, die mir in meiner Rolle als Ehefrau und Mutter am meisten geholfen hat, ist eine kinderlose Frau, die nie geheiratet hat. Sie überwand ihre Bitterkeit gegen Gott und ihre Eifersucht auf andere, die eine Familie hatten, und sie bat Gott um Weisheit, ihnen dienen zu können. Als alleinstehende Frau machte sie sich den Vorteil der Verfügbarkeit und Flexibilität zunutze.

Das Leben einer Frau kennt verschiedene Zeiten. Sogar Frauen, die heiraten und Kinder erziehen, erleben Jahre mit einem „leeren Nest". Wie ich verlieren viele unerwartet ihren Partner. Ist der Dienst auf eine bestimmte Zeit im Leben beschränkt? Nach Titus 2 nicht!

*2. Jede Frau sollte das Ziel anstreben, andere zu lehren*

Paulus fordert gottesfürchtige Frauen auf, andere anzuleiten. Alleinstehende Frauen sollen die Vorbereitung auf eine Ehe nicht als Zeitverschwendung betrachten, wenn sie alleine bleiben. Selbst wenn eine Frau nie heiratet, wird sie Kontakt zu anderen Frauen haben, die Ehefrauen und Mütter sind, und sie ist vor dem Herrn dafür verantwortlich, sie in ihrer Aufgabe zu ermutigen.

Jungverheiratete und Frauen mit kleinen Kindern im Haus haben einmalige Gelegenheiten, Dinge zu lernen, die anderen helfen werden. Ein persönliches Tagebuch, das man in der ersten Zeit des Lernens führt, kann eines Tages ein wertvolles Lehrmittel sein.

Wie das Leben nicht mit der Ehe beginnt, sollte es auch nicht enden, wenn die Kinder ausziehen. Hören und beobachten Sie während des ganzen

Lebens! Machen Sie es sich zur Gewohnheit, täglich in Weisheit zu handeln! Denken Sie über Titus 2,3-5 in der Übertragung von Phillips nach:

„... die älteren Frauen sollten Vorbilder für ein gutes Leben sein, damit die jüngeren Frauen lernen können, ihre Männer und ihre Kinder zu lieben, vernünftig zu sein, rein, häuslich, gutmütig und bereit, sich ihren Männern anzupassen – eine gute Reklame für den christlichen Glauben."

*3. Wertvolle Charakterzüge brauchen Zeit, um sich zu entfalten*

Alles, was echten Wert besitzt, braucht Zeit und Mühe. Schritt für Schritt kann jede gläubige Frau allmählich wachsen und den Idealvorstellungen des Herrn besser entsprechen.

Gott versteht unter einer verdienstvollen Frau im allgemeinen etwas anderes als die Welt. Seine Wege sind nicht unsere Wege. Unsere Gesellschaft bereitet Frauen darauf vor, mit Männern wettzueifern, anstatt sie zu ergänzen.

„Ich staune immer wieder darüber", wundert sich Jo Berry, „daß wir in die Schule gehen und Monate oder gar Jahre damit verbringen müssen, um Sekretärin, Friseuse, Politesse oder Ärztin zu werden, aber Ehefrau und Mutter sollen wir werden, indem wir heiraten und Kinder bekommen." [1]

Ungeschulte verheiratete Frauen sind zu Hause oft unsicher und suchen Erfüllung in Berufen außer Haus. Diese Flucht wäre nicht notwendig, würde die Frau erkennen, welche Chance der Dienst zu Hause bietet. Wenn Frauen ihre besten Jahre in der Arbeitswelt draußen verbringen und ihre häuslichen Verantwortungen an andere abgeben, haben sie in ihrem späteren Leben wenig an jüngere Frauen weiterzugeben. Wenn sie sich zur Ruhe setzen, kehren sie von ihrem Arbeitsplatz in eine unnötige Leere zurück.

In den folgenden Lektionen werden wir Titus 2 Schritt für Schritt analysieren. Charakterstudien von Frauen im Alten und Neuen Testament werden die einzeln aufgezählten Eigenschaften illustrieren. Auch zeitgenössische Beispiele sollen dazu dienen, die besprochenen Prinzipien besser verständlich zu machen.

---

[1] Jo Berry, The happy home handbook (Fleming H. Revell Co., Old Tappan, NJ, USA, 1976), S. 16.

# Sprüche 31 – ein Beispiel für Titus 2
*Studienblatt*

1. Lesen Sie Sprüche 31,10 nach Möglichkeit in verschiedenen Übersetzungen. Notieren Sie die Worte, die diese Frau beschreiben.

2. Wo werden die Eigenschaften von Titus 2 in Sprüche 31 dargestellt?

Gottesfurcht                      Liebt ihre Kinder

Kontrolliertes Reden              Gute Hausfrau

Selbstbeherrschung                Reinheit

Liebt ihren Mann                  Lehrerin des Guten

3. Was sagt die Bibel über die Leichtigkeit, eine Frau nach Gottes Plan zu finden (Spr 31,10; Prediger 7,28)?

4. Warum wird Ihrer Meinung nach die ideale Ehefrau und Mutter einem alleinstehenden Mann, der eine Partnerin sucht, vor Augen gestellt (Sprüche 31)?

5. König Lemuels Mutter beriet ihren Sohn voller Weisheit. Erklären Sie anhand ihres Beispiels, wie wichtig ältere gottesfürchtige Frauen sind!

6. Die hervorragendste Eigenschaft einer tugendsamen Frau ist die „Gottesfurcht" (Spr 31,30). Erzählen Sie kurz, wie Sie gläubig geworden sind (falls dies auf Sie zutrifft), und teilen Sie einige Segnungen mit, die Sie seit Ihrer Bekehrung erfahren haben.

# Sprüche 31 – ein Beispiel für Titus 2

*„Weit über Korallen geht ihr Wert.“* (Spr 31,10)

Meine Freundin Sharon, die Schönheitskönigin, war ein reizender Anblick. Ihre grünen Augen funkelten wie Edelsteine, und sie schwebte anmutig dahin, wenn sie ging. Bezaubernd, hinreißend, anscheinend begehrenswert. Ihr Mann beging Selbstmord.

Meine Freundin Polly, die Geschäftsfrau, erlangte Anerkennung wegen außergewöhnlicher Leistungen. Elegant, gutaussehend und wortgewandt. Ihr Mann ließ sich wegen einer anderen Frau von ihr scheiden.

Sue, eine attraktive Bekannte, die den Ruf genoß, freundlich und lustig zu sein, entwickelte eine Begabung als Schmeichlerin. Andere fühlten sich zu ihr hingezogen. Die Leute bezeichneten sie als vorbildliche Mutter. Eines Tages verließ sie unerwartet ihren Mann und ihre Kinder, um mit einem anderen Mann zusammenzuziehen.

Ich machte mir über die Frauen in meinem Leben Gedanken, die einen, die sich direkt um mich kümmerten, und die anderen, die ich beobachtete. Viele waren wie die Frauen Salomos. Er klagte: „Und ich fand bitterer als den Tod die Frau, die Netzen gleich ist und deren Herz Fangstricke, deren Hände Fesseln sind. Wer Gott wohlgefällig ist, wird ihr entrinnen“ (Prediger 7,26).

Gelegentlich gibt es einen Lichtblick, eine Frau, die sich von den anderen abhebt. Ich kann einige nennen, aber man findet sie selten.

Was ist die perfekte Frau? Salomo suchte sich seine Frauen aus, aber er hatte falsche Kriterien. Vielleicht suchte er den Typ einer Schönheitskönigin – lieblich, intelligent und begabt. Aber die prächtigsten Frauen fühlen sich oft unsicher, da der Ruhm, von dem sie leben, von Äußerlichkeiten abhängt. Vielleicht fühlte er sich zu der bezaubernden Verführerin hingezogen. Er hätte den Rat von König Lemuels Mutter beachten sollen.

Schönheitsköniginnen können gottesfürchtige Frauen sein, und es gibt manche wunderbare Frauen, die von unverständigen Männern verlassen wurden. (Sogar Jesus Christus war mit Ablehnung konfrontiert.) Aber im Buch der Sprüche finden wir das Idealbild einer Frau. Ihr Mann stand auf und lobte sie. Warum?

Die Frau, die Gott als Vorbild gibt, mag schön, begabt oder reich sein oder nicht. Ihr Wert beruht nicht auf angeborenen Eigenschaften sondern auf einem von Gott geprägten Charakter. Solch eine Frau wird in Sprüche 31,10-31 anschaulich beschrieben. Jede Frau kann ihr Beispiel nachahmen. Aber nur wenige tun dies auch.

## Verglichen mit einem wertvollen Edelstein

In Sprüche 31,10 wird das Eigenschaftswort, das diese Frau beschreibt, in verschiedenen Übersetzungen mit „tüchtig", „wacker", „tugendsam" oder „vorzüglich" übersetzt. Das hebräische Wort ‚chayil' wird an anderen Stellen der Schrift meistens mit „wertvoll" oder „Heer" übersetzt. So besitzt die ideale Frau für ihre Familie und ihr Volk den Wert einer ganzen Armee. Sie ist unbezahlbar.

Gleich wie die kostbare Koralle ist diese Frau wertvoll und äußerst schwierig zu finden. Tatsächlich ist die gottesfürchtige Frau solch eine Ausnahme, daß König Salomo, der mindestens 1000 Frauen persönlich kannte (er hatte 700 Frauen und 300 Nebenfrauen), ausrief: „Einen Mann fand ich aus Tausenden, aber eine Frau unter diesen allen fand ich nicht" (Pred 7,28).

Ein großer Rubin ist beispielsweise einer der teuersten Edelsteine. Ein geprüfter Juwelenfachmann erklärte den Wert des Rubins. Zur Zeit wird ein einkarätiger Naturrubin für mehr als 1500 US-Dollar verkauft. „Die Kunst", sagte der Fachmann, „besteht jedoch darin, einen zu finden. Sie werden immer seltener." Das Immitat wird allerdings um 15 Dollar verkauft. Wie ein Rubin kann auch eine Frau äußerlich als eine gottesfürchtige Frau erscheinen, doch wenn nicht Gott ihr Inneres formt, wird das Ergebnis nur eine Imitation sein. Aus eigener Kraft können wir höchstens ein wertloses Schmuckstück aus einem Trödlerladen werden. Unser Ziel sollte sein, daß der Herr uns zu einem richtigen Edelstein formt.

## Geschätzt als Vorbild für alle Frauen

Viele Menschen sehen in Sprüche 31 nur das Bild einer verheirateten Frau mit Kindern. Alleinstehende Mädchen halten ihr Vorbild oft für belanglos. Doch die Bibel macht nicht solche Einschränkungen. Die Mutter des Königs Lemuel beschrieb ihrem königlichen Sohn die ideale Frau, als er noch unverheiratet war (Spr 31,1). Warum gab sie ihrem Sohn das Bild einer perfekten Ehefrau und Mutter mit, wenn er doch höchstwahrscheinlich eine Jungfrau heiraten wird?

Frage eine typische Gruppe von Teenagern, welche Dinge sie sich von einem zukünftigen Partner erwarten, und die Mehrheit wird kurzsichtige Merkmale nennen: Haarfarbe, Figur, guter Tänzer oder ein guter Ausgehpartner. König Lemuels Mutter wußte, daß die Eigenschaften, die einen jungen Mann beeindrucken – Schönheit, Anmut und Beliebtheit – nicht die Merkmale sind, die für eine dauerhafte Ehe nötig sind.

Sie wollte, daß ihr Sohn eine zukünftige Partnerin nach beständigen Eigenschaften beurteilt. Irgendwie sollte er die Anpassungsfähigkeit einer alleinstehenden Frau an die Rolle einer Ehefrau und Mutter dadurch einschätzen, daß er beobachtete, wie sie mit ihrem Leben alleine zurechtkam. Manche ältere Frauen zögern, Sprüche 31 zu studieren. Sie glauben, es sei zu spät für sie. Der Herr hatte nie die Absicht, daß ältere Frauen herumsitzen und andere beobachten. König Lemuels Mutter hatte wahrscheinlich ihre Blütezeit überschritten. Vielleicht waren ihre Kinder schon fort. Aber ihr Dienst war nicht beendet, als ihr Sohn König wurde. Die junge Generation braucht das Beispiel und die Führung derjenigen, die reifer sind. Wenn sich die älteren Frauen zurückziehen, wird die Ehre Gottes aufs Spiel gesetzt (Tit 2,3-5).

## Empfohlen wegen geistlicher Eigenschaften

Die erste Anforderung an eine kostbare Frau in den Augen Gottes sind nicht Äußerlichkeiten, wie Schönheit oder Charme, sondern vielmehr, daß sie „den Herrn fürchtet" (Spr 31,30). Wenn sie den Herrn fürchtet, wissen wir, daß sie sich immer bewußt ist, daß Gott sie beobachtet und alle ihre Gedanken, Einstellungen, Worte und Handlungen beurteilt. Albert E. Horton erklärt: „Gott zu fürchten bedeutet, ihm den Platz einzuräumen, auf den er als unser Schöpfer Anspruch hat." [1]

Die gottesfürchtige Frau unterscheidet sich in ihren Handlungen von der begabten, aber unerretteten Frau durch ihre grundsätzliche Motivation. Anders als bei der Frau, die nach eigenem Ruhm strebt, liegt das Hauptziel im Leben einer von Gott geschätzten Frau darin, dem Herrn Jesus Christus die Ehre zu geben. Im Bewußtsein, daß Gott die Geheimnisse des Universums hütet, durchforscht sie die Schrift wie jemand, der Silber und verborgenen Schätzen nachjagt. Sie erlangt wahre Weisheit (Spr 2,1-6). Sie ist gleich der gottesfürchtigen Frau in Titus 2 voller Ehrfurcht und Disziplin in ihren Worten und Taten.

---

[1] Albert E. Horton, Aspects of Fear, Interest-Magazine, Wheaton, USA, 1978/9, S.5.

# Beschäftigt mit Hilfeleistungen

Die Familie ist ihre oberste Priorität. Andere Arbeiten sind Erweiterungen ihres Heimes und keine entgegengesetzten Interessen. Sie verkauft selbstgenähte Produkte, die sie in ihrer Freizeit macht, und verwendet die Einkünfte, um einen eigenen Weinberg zu kaufen. Sie kauft die Zeit aus, aber vernachlässigt nicht ihren Mann oder ihre Kinder um des eigenen Vorteils willen. Ihr Heim wird zu einem Zentrum der Evangelisation (Spr 31,20), jedoch nicht auf Kosten ihrer Familie, die ihre größere Verantwortung ist. Wie das Vorbild von Titus 2 kann sie als „freudige Hausfrau" bezeichnet werden, die für die Bedürfnisse ihres Mannes und ihrer Kinder sorgt.

Diese zufriedene Frau betrachtet die Rolle einer Hausfrau als herausfordernd und spannend. Sie ist zu kreativ und beschäftigt, als daß sie sich langweilen würde: sie ist eine gute Köchin, Gärtnerin (31,16), Schneiderin (31,22), sie ist auch begabt in Handarbeiten wie Weben (31,13) und Teppichknüpfen (31,22). „Sie merkt, daß ihr Erwerb gut ist" (31,18) und arbeitet deshalb „mit Lust ihrer Hände" (31,13) oder wie es auch heißt „mit fleißigen Händen". Ihre Familie ist keine Belastung für sie. Stattdessen spüren sie ihre Freude, für unmittelbare und langfristige Bedürfnisse zu sorgen. Sie freut sich nicht nur über die Qualität ihrer eigenen Arbeit, sondern erfährt auch den Segen, daß ihr Partner frei ist, um in der Öffentlichkeit Erfolg zu haben.

Obwohl diese begabte und fleißige Frau die nötigen Fähigkeiten hätte, um in jedem Beruf außer Haus erfolgreich zu sein, versteht sie den einzigartigen Beitrag einer hingegebenen Hausfrau. Die Früchte ihres Lebens reichen über ihr Heim hinaus und beeinflussen die Gesellschaft. Wie das Vorbild von Titus 2 kleidet sie sich einfach und streckt sich danach aus, Gutes zu tun – sie hilft den materiell Armen und den geistlich Bedürftigen (31,20).

## Ausgezeichnet für ein Leben, das auf andere ausgerichtet ist

Die Belohnung der tüchtigen Frau ist vielfältig. Erstens bringt die Qualität ihrer handwerklichen Arbeit Zufriedenheit mit sich. Weiter erhält sie die begehrte Anerkennung von ihrer Familie für die persönliche Arbeit, die sie in selbstloser Weise für sie getan hat (Spr 31,28). Sogar die Nachbarn, denen sie geholfen hat, rühmen sie in den Toren der Stadt (31,31). Aber ihr Lohn ist nicht auf dieses Leben beschränkt. Auch Gott wird sie in Ewigkeit in den Toren des Himmels ehren, wenn ihre geistlichen „Werke" im Feuer erprobt werden (1.Kor 3,11-15). An jenem Tag wird offenbar werden, daß diese „Koralle" ein kostbarer Edelstein ist.

# Hanna – eine Frau, die Gott fürchtet
*Studienblatt*

1. Lesen Sie 1. Samuel 1, 2-8. Beschreiben Sie Hannas inneren Kampf. Wer war für Hannas Problem verantwortlich (V. 5)?

   Wie verwendet Gott Probleme, um Segen in unser Leben zu bringen?

2. Wie hat Hanna zunächst auf ihr Problem reagiert (V. 6-7)? Fällt Ihnen ein Kampf in Ihrem Leben ein, der Sie in ähnlicher Weise betroffen hat? Erzählen Sie.

   Was hat sie schließlich unternommen, um ihre Verbitterung zu überwinden (V. 9-19)?

3. Welche Prinzipien lernen wir von Hannas Gebet (1. Sam 1,11)?

4. Beschreiben Sie, wie sich Hannas Einstellung gegenüber dem Herrn und ihrem Ehemann veränderte (1. Sam 1,19 – 2,1)!

5. Erklären Sie, wie Hanna davon profitierte, als sie Sieg im Umgang mit ihrem Problem der Unfruchtbarkeit erlangte (1. Sam 1, 27-28; 2,20-21; 3,19-21)!

6. Wählen Sie einen der folgenden Verse und wenden sie ihn auf Hannas Leben und auf Ihr eigenes Leben an: Spr 9,10; Spr 15, 33; Spr 22,4; Offb 14,7.

Persönliche Frage (Austausch in der Gruppe muß nicht sein): Hanna gab das Wertvollste, das sie besaß, freiwillig dem Herrn hin. Gibt es etwas, das Sie Ihm heute hingeben sollten? Wenn ja, schreiben Sie ein Gebet der Hingabe, in dem Sie dem Herrn Ihr eigenes Leben, Ihr Eigentum oder Personen, die Sie hochhalten, hingeben!

# Hanna – eine Frau, die Gott fürchtet

*„... eine Frau aber, die den HERRN fürchtet, die soll man rühmen."* (Spr 31,30)

Die erste Frau verspottete ihre neue Partnerin. Sie verwendete ihre Kinder als Waffe, um die Aufmerksamkeit ihres Mannes zu gewinnen. Sie hatte etwas, das nur sie geben konnte. Lebende Waffen.

Er versuchte, seine zweite Frau zu beruhigen. „Bin ich dir nicht mehr wert als zehn Söhne?" Aber sie hörte nicht darauf. Sie fühlte sich zweitklassig, minderwertig und unzulänglich. Wenn sie doch nur auch ein Kind haben könnte! Sie grämte sich und aß nichts. Jahre vergingen und die Zeit verstärkte ihren Schmerz.

Eines Tages wechselte sie ihre Blickrichtung und sie erfuhr Befreiung von ihrer Depression. Ihr Angesicht erhob sich. Sie ging freundlich auf ihren Mann ein, und ihr Herzenswunsch ging in Erfüllung. Was bewirkte diese Veränderung?

Hanna hatte Jahre erfolglos damit zugebracht, mit Gott auf einem Gebiet zu hadern, worauf sie keinen Einfluß hatte. Dann verlagerten sich eines Tages ihre Absichten. Sie wollte sich nicht länger rächen. Ihre Augen wandten sich von ihrer eigenen Lage ab, um sich auf ein größeres Ziel zu richten. Sie lernte die erste Eigenschaft aus Titus 2, die hervorragende Eigenschaft von Sprüche 31. Sie lernte, Gott zu ehren und zu fürchten.

## Hanna gab sich hin, um Heilung zu erlangen

Der allerwichtigste Schritt zu innerem Frieden ist die Hingabe unseres Lebens an den Herrn. Wir wurden erschaffen, um dem Schöpfer Ehre zu machen und nicht uns selbst. Der Herr beschreibt uns als „zu meiner Ehre geschaffen" (Jes 43,7). Unsere einzige Hoffnung für die Ewigkeit liegt darin, unsere Sünden zu bekennen, Buße zu tun und das Opfer des Herrn anzunehmen. „Er war durchbohrt um unserer Vergehen willen, zerschlagen um unserer Sünden willen. Die Strafe lag auf ihm zu unserem Frieden, und durch seine Striemen ist uns Heilung geworden" (Jes 53,5).

Hanna nahm den „HERRN der Heerscharen" (1. Sam 1,11) an, der eines

Tages mit seinem Tod und seiner Auferstehung für ihre Sünden bezahlen würde. Sie erkannte: „niemand ist stark durch eigene Kraft. Die mit dem HERRN rechten, werden niedergeschlagen werden, im Himmel wird er über ihnen donnern. Der HERR wird richten die Enden der Erde" (1. Sam 2,9-10).

## Hanna übergab Gott ihre eigenen Rechte

Wir können Hannas Wunsch nach Kindern verstehen. In der jüdischen Kultur war Unfruchtbarkeit der Frau eine Schande. Wer die Sache noch schlimmer machte, war Peninna, die andere Frau ihres Mannes Elkana, die Söhne und Töchter hatte und nicht zögerte, Hanna zu verspotten. „Und ihre Widersacherin reizte sie mit vielen Kränkungen, um sie zu demütigen, weil der HERR ihren Mutterleib verschlossen hatte" (1. Sam 1,6). Hanna wurde so sehr von Selbstmitleid gefangen, daß sie sich aus dem Alltag zurückzog. Der Wettkampf mit der anderen Frau und die Trauer über ihre leeren Hände überwältigten sie. „Dann weinte sie und aß nicht" (V. 7).

Hannas Elend dauerte Jahre. Ihre Verbitterung war ein Schatten über ihren menschlichen Beziehungen und hinderte ihre Gemeinschaft mit dem Herrn. Ihr Mann kam sich unzulänglich für sie vor, und er beschwor sie: „Hanna, warum weinst du? Und warum ißt du nicht? Und warum ist dein Herz betrübt?" (V. 8). Ihre Anbetung litt. Solange sich Hanna auf ihren Wunsch konzentrierte, Mutter zu werden, hatte sie keinen Sieg. Gott hatte einen Plan für ihr Leben, der erst dann verwirklicht werden konnte, als Hanna seiner göttlichen Führung gerade dort vertraute, wo sie selbst keine Veränderung bewirken konnte.

Leid kann zum Segen werden, aber nicht solange wir unsere Verbitterung nähren. Hanna lernte das Geheimnis eines fruchtbaren Lebens. Sie zerbrach vor Gott und bekannte ihre Enttäuschung, ihren Schmerz und Kummer. Sie schüttete ihr Herz aus. „Sie war in ihrer Seele verbittert, und sie betete zum HERRN und weinte sehr" (V. 10). Sie wandte sich an ihn und bat um Hilfe.

Als Hanna schließlich in 1. Sam 1,11 betete, hatte sich ihre Einstellung in mehrfacher Weise geändert.

*1. Sie demütigte sich vor Gott*

Hanna betete mit dem Bewußtsein, daß sie, eine einfache Magd, einen Gefallen von dem „HERRN der Heerscharen" erbat. Sie stellte ihre Unwürdigkeit seiner Herrlichkeit und Stärke gegenüber. Sie traute Gott die Fähigkeit zu, ihre Unfruchtbarkeit zu ändern.

## 2. Sie stellte den Geber und nicht die Gabe in den Mittelpunkt

Obwohl Gott seine Kinder reichlich segnen möchte, hält ihn seine Liebe davor zurück, manche Wünsche zu gewähren. Oft wären unsere Wünsche, obwohl an sich nicht schlecht, doch nicht zu unserem Besten. Sooft uns ein natürliches Verlangen so sehr gefangen nimmt, daß es zu Götzendienst wird, möchte Gott uns liebevoll bewahren, indem er uns diesen Wunsch nicht erfüllt (Jakobus 4,2). Erst als Hannas Denken wieder in Ordnung kam, war Gott bereit, ihr tiefstes Verlangen zu erfüllen.

## 3. Sie betrachtete Kinder als Geschenk und nicht als ihr Recht

Sie betete nicht: „Du solltest mir ein Kind geben, weil ich eines verdient habe." Hanna betete: „wenn Du ... meiner gedenken wirst." Kinder sind eine Gabe Gottes (Psalm 127,3).

## 4. Sie blickte über das unmittelbare hinaus auf die ewigen Dinge

Ihr Wunsch nach persönlicher Genugtuung gegenüber Peninna trat hinter Israels Bedürfnis nach einem gottesfürchtigen Führer zurück. Wenn wir ein Problem wegen unseres persönlichen Vorteiles gelöst sehen wollen, bleibt die Enttäuschung nicht aus. Anstatt sich wie ein Kind, das nach etwas Süßem verlangt, auf das momentane dringliche Verlangen zu konzentrieren, war sie weitsichtig und akzeptierte Gottes souveräne Weisheit und Liebe. Die Bereitschaft, sich Gottes Plan unterzuordnen, machte sie frei, um ihn anzubeten.

## 5. Sie sah auf die Bedürfnisse anderer

Es war für das Volk Israel notwendiger, einen gottesfürchtigen Führer zu haben, als für Hanna, sich an einem Kind zu erfreuen. In ihrem Gebet war Hannas Wunsch nach einem Sohn nicht länger auf ihre eigenen Bedürfnisse beschränkt. Die Bitte war ein Anliegen für Leitung im Volk Gottes. Sie gab ihren Sohn als Nasiräer hin (4. Mose 6, 1-21), als einen, der für einen besonderen Dienst für Gott abgesondert und erzogen wird, um Licht in verfinsterte Zeiten zu bringen. Das sichtbare Merkmal eines Nasiräers war langes Haar; deshalb sprach Hanna: „Kein Schermesser soll auf sein Haupt kommen" (V. 11).

Hanna bewies die Änderung ihres Herzens mit ihrer Bereitschaft, genau das Kind hinzugeben, das sie so viele Jahre ersehnt hatte. Die Bitte war kein Handel mit Gott sondern eine wirkliche Herzensänderung. Nachdem sie gebetet hatte, bekam Hanna wirklich ein Kind, doch ihre Niedergeschlagenheit änderte sich, bevor sie von ihrer Schwangerschaft erfuhr. „Und die Frau ging ihres Weges und aß und hatte nicht mehr ein so trauriges Gesicht. Und sie machten sich am nächsten Morgen früh auf und beteten an vor dem HERRN" (1. Sam 1,18-19). Beziehungen zu anderen wurden wiederhergestellt, aber nicht deswegen, weil sie das Baby bekam, sondern weil sie darauf vertraute, daß Gott ihr persönliches Problem für einen göttlichen Zweck verwenden wollte. Als Hanna das Kind zur Welt brachte, freute sie sich darüber, es Gott zurückgeben zu dürfen (1. Sam 1,27 – 2,1).

## Hanna übergab dem Herrn ihre Zukunftsträume

Hanna nahm den Herrn als ihren persönlichen Heiland an und fand Frieden auf dem Gebiet einer ihrer größten Enttäuschungen, der Kinderlosigkeit. Aber Hanna ging in ihrer Hingabe an Gott noch einen Schritt weiter. Nach Samuels Geburt gab sie ihr Recht, für ihn zu sorgen, freiwillig auf und übergab Gott bereitwillig ihre Träume für die Zukunft.

Die Ernsthaftigkeit von Hannas Gebet wurde viele Jahre hindurch geprüft. Ihr Sieg bestand nicht nur darin, das Anrecht auf ihren einzigen Sohn aufzugeben, sondern dies mit Freuden zu tun (1. Sam 1,27 – 2,1). Sie hätte Ausreden vorbringen können, um ihn zurückzuhalten. Die Söhne Elis waren verdorben, sie „verachteten die Opfergabe des HERRN" (1. Sam 2,17). Aber sie ließ ihren Sohn im Tempel zurück. „Samuel diente vor dem HERRN, ein junger Mann, umgürtet mit einem leinenen Ephod" (2,18). Jedes Jahr machte Hanna ein Oberkleid für ihn. Jedes Mal, wenn sie Samuel sah, widerstand der Versuchung, ihn für sich zurückzufordern, und kehrte jedes Jahr alleine nach Hause zurück. Sie blieb ihrem freiwilligen Versprechen, ihn dem Herrn zu geben, treu.

Gott segnete Hannas Opfer weit über ihre größten Vorstellungen hinaus. Sie lernte, daß die Pläne Gottes zum Guten sind. „Oder welcher Mensch ist unter euch, der, wenn sein Sohn ihn um ein Brot bittet, ihm einen Stein geben wird? Und wenn er um einen Fisch bittet, wird er ihm eine Schlange geben? Wenn nun ihr, die ihr böse seid, euren Kindern gute Gaben zu geben wißt, wieviel mehr wird euer Vater, der in den Himmeln ist, Gutes geben denen, die ihn bitten!" (Mt 7,9-11). „Und ein jeder, der Häuser oder Brüder oder Schwestern oder Vater oder Mutter oder Frau oder Kinder oder Äcker um meines Namens willen verlassen hat, wird hundertfach empfangen und ewiges Leben erben" (Mt 19,29).

## Gott segnete Hannas Treue

Das Beispiel Hannas zeigt, daß Zeiten des Wartens oft notwendig sind, damit später der volle Segen folgen kann. Für ihre aufopfernde Hingabe erlangte sie eine Reihe von dauerhaften Segnungen. Mancher Segen, der aus ihrem Kampf und Sieg hervorging, war zu ihren Lebzeiten nicht sichtbar. Die volle Auswirkung ihres Lebens wird erst in der Herrlichkeit offenbart werden. Doch wir wollen einige Früchte ihres Glaubens betrachten, wobei uns bewußt ist, daß wir nur die Spitze des Eisberges sehen.

### 1. Sie motivierte andere zur Anbetung

Eli stand geistlich gesehen auf sehr schwachen Beinen. Wir begegnen ihm auf einem Stuhl am Türpfosten des Tempels sitzend (1. Sam 1,9), wo Priester stehen sollten (5. Mose 10,8). Doch die aufopfernde Antwort Hannas auf das erhörte Gebet motivierte ihn zur Anbetung (1,28).

### 2. Sie hatte etwas, das sie Gott zurückgeben konnte

Hanna hatte ein unbezahlbares Geschenk (1. Sam 1,28). Kein Opfer konnte den Herrn mehr erfreuen als die Gabe eines erstgeborenen Sohnes (Lk 2,23).

### 3. Sie war Vorbild für ein wirkungsvolles Gebetsleben

Man erinnerte sich nicht nur an Hannas Mustergebet (1. Sam 1,10), sie inspirierte auch andere zum Gebet (2,20), und ihr Sohn Samuel wurde als ein Mann des Gebets bekannt. Als Erwachsener sagte er: „Fern sei es von mir, daß ich mich an dem HERRN versündigen und aufhören sollte, für euch zu bitten, sondern ich will euch den guten und richtigen Weg lehren" (1. Sam 12,23).

### 4. Sie gewann eine tiefere Wertschätzung für das Wesen Gottes

Nach der Weihe Samuels im Tempel lobte Hanna Gott für seine Gerechtigkeit und Treue. Als wollte sie Peninnas Provokation wegen ihrer Unfruchtbarkeit beantworten, rief sie: „Häuft nicht Worte des Stolzes... Denn der HERR ist ein Gott des Wissens, und von ihm werden die Taten gewogen... sogar die Unfruchtbare hat sieben geboren, und die viele Kinder hatte, welkt dahin" (1. Sam 2,3-5).

## 5. Sie erhielt unerwartet Gutes

Hanna erbat einen Sohn. Gott gab ihr den Sohn, den sie sich wünschte, sowie drei zusätzliche Söhne und zwei Töchter (1. Sam 2, 21). Gott beantwortet über alles hinaus und mehr, als wir erbitten oder erdenken können (Eph 3,20).

## 6. Ihr Erstgeborener wurde besonders bevorzugt

„Ich aber werde mir einen Priester erwecken, der beständig ist; der wird tun, wie es meinem Herzen und meiner Seele gefällt. Und ich werde ihm ein Haus bauen, das beständig ist, und er wird vor meinem Gesalbten alle Tage einhergehen" (1. Sam 2,35). „Und Samuel wuchs heran. Und der HERR war mit ihm und ließ keins von allen seinen Worten auf die Erde fallen" (1. Sam 3,19).

## 7. Sie nahm Einfluß auf Nationen

Während der Zeit geistlicher Finsternis gebar Hanna einen gottesfürchtigen Sohn, der ein wichtiger Prophet und einer der größten Richter Israels werden sollte (1. Sam 3,19-21). Im Gegensatz zu seinen Vorgängern, die Gott nicht einmal kannten (2,12), ist dieser Priester bekannt als Mann des Glaubens (Hebr. 11, 1.2.32). Unter der priesterlichen Herrschaft Elis und seiner verdorbenen Söhne war das Wort des Herrn selten (1. Sam 3,1), aber wegen Samuel erschien der Herr wieder in Silo (3,21). Unter seiner Führung forderten die Israeliten die Lade des Herrn zurück, die die Philister geraubt hatten. Das Volk wendete sich von den Göttern ab, um dem lebendigen Gott zu dienen. Israel gewann Städte zurück, die es im Kampf verloren hatte, und schloß mit den Philistern Frieden – einen Frieden, der während der ganzen Lebenszeit Samuels anhielt.

## 8. Sie inspirierte unzählige Menschen in kommenden Zeiten

Weil Hannas Geschichte in der Bibel festgehalten ist, hat sie Jahrhunderte hindurch andere beeinflußt. Unter denen, die von ihrer Hingabe motiviert wurden, war Maria, die Mutter Jesu. In Lukas 1, 46-55 ist Marias Lobpreis festgehalten, der sich beinahe Wort für Wort an Hannas Gebet in 1. Samuel 2,1-10 anlehnt.

# Gott fürchten

*Studienblatt*

1. Definieren Sie ‚den Herrn fürchten'. Die folgenden Verse könnten eine Hilfe sein: Ps 31,20; Ps 111,10; Ps 112,1; Ps 147,11 und Spr 8,13.

2. (Zur persönlichen Überlegung – Austausch in der Gruppe ist freigestellt) Mit welchen Lebenssituationen, die außerhalb Ihrer Kontrolle liegen, haben Sie in letzter Zeit gekämpft?

☐ Rasse oder Nationalität      ☐ Alter

☐ Körperliche Merkmale      ☐ Geschlecht

☐ Verwandte oder Verschwägerte      ☐ Kinder (oder Kinderlosigkeit)

☐ Partner (oder Mangel eines Partners)

☐ Tod einer geliebten Person      ☐ Mangel an Begabungen

☐ Behandlung von seiten anderer      ☐ Lebensumstände

☐ Geistesgaben      ☐ Anderes

3. Wie reagierte Hiob, der gerechte Mann, der ohne eigenes Verschulden litt, auf seine Versuchungen (Hiob 23,1-12)? Was war die Folge seiner Leiden (Hiob 42,12)?

4. Manchmal dient Leid dazu, mit Kindern Gottes umzugehen, die Gott nicht folgen oder ihn nicht fürchten. Warum läßt er Versuchungen bei ungehorsamen Gläubigen zu? (Jer 24,5-7; 29,11; 31,10-14)

5. Wählen Sie eine der folgenden Situationen aus und erklären Sie, wie sie zur Verherrlichung Gottes, zu unserem eigenen und zum Nutzen anderer führen kann. Sie können zusätzliche Verse nennen, um Ihren Standpunkt zu untermauern.

- Kummer (2. Kor 1,3-4)
- Mancherlei Versuchungen (Jak 1,2-4)
- Schwierigkeiten (2. Kor 4,16-18)
- Krankheit (2. Kor 12,7-10)
- Verfolgungen (1. Petr 4,12-14)

6. Können Sie ein Beispiel aus Ihrem eigenen Leben nennen, wo entweder Sie oder eine Ihnen bekannte Person dem Herrn als Nebenprodukt einer persönlichen Schwierigkeit besondere Ehre bringen konnte? Erklären Sie.

# Gott fürchten

*„Der HERR hat Gefallen an denen, die ihn fürchten, an denen, die auf seine Gnade harren."* (Ps 147,11)

Ich löste meinen Griff vom Kissen, an das ich mich trostsuchend geklammert hatte und versuchte, meine Füße aus dem Wirrwarr von Bettdecken zu befreien. Während ich mich von der Bettwäsche freikämpfte, warf ich einen Blick in den Spiegel. Matte, braune Augen starrten zurück. Meine leuchtenden, großen Augen wurden oft bewundert. An diesem Morgen waren sie aufgedunsen und geschwollen nach einer durchweinten Nacht. Die roten Flecken in meinem Gesicht erinnerten mich an einen Jungen in meiner Klasse, der ein großes rotes Muttermal auf seiner Wange hatte.

Nächte wie diese hatte ich weit mehr hinter mir, als ich wahrhaben wollte. Diese Nacht hatte ich meinen Vater als Opfer einer tödlichen Krankheit gesehen, wie er auf einer Tragbahre fortgeschafft wurde, Schläuche baumelten vom Körper, das Gesicht war blutverschmiert. Häufiger konzentrierte sich die Handlung auf sein Begräbnis. Der Himmel ist bewölkt und grau. Ich fahre im Familienauto hinter dem Leichenwagen mit dem Körper meines Vaters her oder sitze in der ersten Reihe in der Kirche, betrachte den Sarg und weine zu laut, um die Traueransprache verstehen zu können. Der Schauplatz wechselte, aber die Geschichte blieb gleich. In meiner Traumwelt starb mein Vater und ich konnte die Belastung durch seinen Tod nicht ertragen.

Die Alpträume kehrten jahrelang wieder. Ich konnte nicht ahnen, daß mein Vater noch 30 Jahre leben würde, bevor er mit 70 starb. Die Furcht vor dem Bösen – ein Gefühl der Vorahnung, der Hilflosigkeit und der Qual – kann zerstören, schwächen und lähmen. Meine Kindheitsangst, meinen Vater zu verlieren, bewirkte unnötige Sorgen und Qualen.

Mit 23 Jahren wurde ich frei von den krankhaften Vorahnungen einer drohenden Gefahr. Ich entdeckte eine neuartige Furcht, eine Furcht mit positiven Folgen: sie reinigte mich innerlich und gab mir Frieden und Zuversicht im Blick auf die Zukunft. Ich entdeckte die Furcht des Herrn.

# Die Furcht, die zur Errettung führt

„Die Furcht des HERRN ist der Anfang der Erkenntnis" (Spr 1,7). Im Rückblick erkannte ich einige Schritte, die mich zur Befreiung führten.

### 1. Ich mußte meiner Furcht eine andere Ausrichtung geben

Ohne es zu wissen, hatte ich Satan und den Schaden gefürchtet, den er in meinem Leben anrichten könnte. Matthäus warnt: „Fürchtet euch nicht vor denen, die den Leib töten, die Seele aber nicht zu töten vermögen; fürchtet aber vielmehr den, der sowohl Seele als Leib zu verderben vermag in der Hölle" (Mt 10,28). Satan hat große Macht, aber seine Möglichkeiten sind von Gott, der höchsten Macht, begrenzt. „Denn ein großer König bin ich, spricht der HERR der Heerscharen, und mein Name ist gefürchtet unter den Nationen" (Mal 1,14). Gott ist ein Gott der Reinheit und der Gerechtigkeit. Er ist allmächtig und allwissend. Vor ihm sollten Sünder erzittern. Jede Sünde muß gerichtet werden; er kennt jeden Fehler einschließlich der verborgenen persönlichen Gedanken. „Es ist furchtbar, in die Hände des lebendigen Gottes zu fallen" (Hebr 10,31).

### 2. Ich mußte meine Sündhaftigkeit vor einem heiligen Gott bekennen

Ich war selbstbewußt und sicher über meine ewige Bestimmung. Es war mir eine Freude, all die guten Dinge in Gedanken aufzuzählen, die ich getan hatte, um Gott zu gefallen. Doch fand ich keinen Frieden, bis ich meine Sünde bekannte (Jes 57,20.21). Ich konnte andere nennen, die schlechter waren als ich, aber Gott beurteilt nicht nach einer Leistungskurve. Er verlangt Vollkommenheit. Ich betrog mich selbst, indem ich dachte, ich könnte seinen Ansprüchen genügen (Röm 4,4).

### 3. Ich mußte Gott zuerst als Gott des Gerichts betrachten, aber letztlich als einen Gott der Liebe

Mit einem Opfer bereitete er mir einen Weg, um seinem Zorn zu entfliehen. Jesus starb für meine Sünden und stand wieder auf, um mir Sieg über das Grab zu schenken. Er trug meine Strafe, damit er mir überströmendes Leben geben konnte.

### 4. Ich mußte es zu meiner ersten Aufgabe machen, ihm zu dienen (Mt 6,33.34).

Er sorgt nicht nur für mein ewiges Heil, sondern er sorgt auch für meine täglichen Bedürfnisse wie Essen, Kleidung und sogar die Liebe der Eltern. Als ich erkannte, daß ich ihm in seinem Vorauswissen vertrauen konnte, meine wirklichen Bedürfnisse zu stillen, hörten meine ängstlichen Vorausahnungen („was ist, wenn...") auf.

## Die Furcht des Herrn für den Gläubigen

Der Gläubige tritt in eine persönliche Beziehung mit Gott, eine Beziehung, die Vorrechte mit sich bringt, aber auch Züchtigung beinhalten kann (Hebr 12,6-7). Falsche Prioritäten oder nicht bereinigte Sünde können zu materiellem Verlust (Hag 1,5), zu Krankheit oder Tod (Apg 5,1-11; 1. Kor 11,27-30) oder zum Verlust ewiger Belohnung (1. Kor 3,11-15) führen. „Irrt euch nicht: Gott läßt sich nicht verspotten! Denn was ein Mensch sät, das wird er auch ernten" (Gal 6,7).

Die Psalmen und die Sprüche sind übervoll mit Versprechen für den Treuen, für denjenigen, der Gott fürchtet. „Glücklich ein jeder, der den HERRN fürchtet, der wandelt auf seinen Wegen" (Ps 128,1). „Der HERR hat Gefallen an denen, die ihn fürchten, an denen, die auf seine Gnade harren" (Ps 147,11).

Manchmal leiden Unschuldige eine Zeit lang, aber ein Verständnis des Wesens Gottes hilft dem Gläubigen auszuharren. Die Nation zur Zeit Habakuks stand vor dem drohenden Gericht und finanziellen Untergang. „Ich aber", sang der Prophet, „ich will in dem HERRN frohlocken, will jubeln über den Gott meines Heils" (Hab 3,18). Die Freude ist ein Nebenprodukt des Vertrauens auf Gott und kommt nicht als Gewißheit in unvorhersehbaren Situationen.

Gottes erhabene Liebe beschützt die Treuen letztlich vor bösen Intrigen, doch manchmal läßt er es zu, daß böse Menschen vorübergehend die Oberhand gewinnen, sofern es seinen Zwecken dient (Ps 37). Jakob litt als Arbeiter eines unehrlichen Chefs, seines Onkels. Gott sah die Ungerechtigkeit zur rechten Zeit und griff ein (1. Mo 31,6-13). Die Brüder Josephs verkauften ihn als Sklaven. Jahre später versicherte Joseph ihnen: „Ihr zwar, ihr hattet Böses gegen mich beabsichtigt; Gott aber hatte beabsichtigt, es zum Guten zu wenden, damit er tue, wie es an diesem Tag ist, ein großes Volk am Leben zu erhalten" (1. Mo 50,20).

Eines Tages wird Gott die Schmerzen der Sünde und des Todes ausradieren, aber in der Zwischenzeit kämpfen die Gläubigen wie alle anderen mit den Folgen des Sündenfalls. In unserer abnormen Welt erweist Gott seine Liebe, indem er uns dabei hilft, Behinderungen und Grenzen zu akzeptieren. Er gibt dem Leiden Sinn.

Gott hatte alles in seiner Hand, als der Knabe im Neuen Testament blind geboren wurde, „damit die Werke Gottes an ihm offenbart würden" (Joh 9,3). Jesus hatte Macht über die tödliche Krankheit von Lazarus, einer Krankheit „um der Herrlichkeit Gottes willen, damit der Sohn Gottes durch sie verherrlicht werde" (Joh 11,4). Paulus wurde ein Dorn für das Fleisch gegeben, um ihn vor Überheblichkeit zu bewahren und Gottes Kraft zur Vollendung zu bringen. „Glücklich ist der Mensch, dessen Stärke in dir HERR ist, in dessen Herz gebahnte Wege sind! Sie gehen durch das Tränental und machen es zu einem Quellort. ... Sie gehen von Kraft zu Kraft. Sie erscheinen vor Gott in Zion" (Ps 84,6-8).

## Gottesfurcht führt zu völliger Hingabe

Wir finden Freiheit, wenn wir lernen, ihm zu vertrauen. Unser Herz hängt an vielen Dingen. Einige typische Beispiele sind Freunde, Ehe, Kinder und ein Heim. Diese Dinge sind gut, aber sie sind keine ‚Rechte'. Der Herr selbst ist die einzige Person, deren sich ein Christ gewiß sein kann, sie in seinem Leben nie zu verlieren. Besitz kann zerstört werden, Beziehungen können durch Tod getrennt werden, und Kinder werden aufwachsen und das Heim verlassen.

Als Hiob von der Serie von Anfechtungen erfuhr, die ihm an einem Tag begegneten (vier unabhängige Tragödien, die seinen materiellen Besitz auslöschten und den plötzlichen Tod aller seiner zehn Kinder herbeiführten), reagierte er auf übernatürliche Weise. Hiob „schor sein Haupt" (ein Ausdruck, daß er den Schmerz stark verspürte) und „er fiel auf die Erde und betete an" (ein Ausdruck, daß er noch immer an die Macht und Liebe Gottes glaubte). Hiob sagte: „Nackt bin ich aus meiner Mutter Leib gekommen, und nackt kehre ich dahin zurück. Der HERR hat gegeben und der HERR hat genommen, der Name des HERRN sei gepriesen!" Der Text geht weiter: „Bei alldem sündigte Hiob nicht und legte Gott nichts Anstößiges zur Last" (Hiob 1,20-22).

Hiob trug den Sieg in dieser gewaltigen Prüfung davon, weil er nicht der Meinung war, daß Gott ihm etwas schuldig sei. Er betrachtete seine Familie und seinen Besitz als Geschenke aus unverdienter Gnade. Gott ehrte Hiob für seinen Glauben, indem er ihm alles Verlorene vielfach erstattete (Hiob 42,12).

Sicherheit für die Zukunft kommt, wenn eine Frau ihre Träume ihrem einzigen festen, vertrauenswürdigen und liebenden Führer ausliefert. Der Psalmist betete: „Nur auf Gott vertraue still meine Seele, denn von ihm kommt meine Hoffnung" (Ps 62,6). Wir bekommen Frieden, wenn wir unsere Träume seiner souveränen Führung anvertrauen und ihm von ganzem Herzen vertrauen. Wir werden seinen besseren Willen für unser Leben entdecken, wenn wir uns bewußt werden, daß sein Plan alle anderen übertrifft, die wir uns ausdenken könnten (Spr 3,5-6).

„Dienet dem HERRN mit Furcht, und jauchzt mit Zittern!" (Ps 2,11). „Er erfüllt das Verlangen derer, die ihn fürchten. Ihr Schreien hört er, und er hilft ihnen" (Ps 145,19).

# Maria – eine Frau, die Gott die Ehre gibt

*Studienblatt*

1. Lesen Sie Lukas 10,38-42. Maria und Martha sind Schwestern und beide wollen Jesus gefallen, doch nur eine wird gelobt. Warum wird Maria gelobt?

2. Weswegen wird Martha zurechtgewiesen?

3. Was wäre bei Martha in Lukas 10,38-42 anders verlaufen, hätte sie sich Zeit genommen, Jesus zuzuhören, bevor sie diente?

4. In einer Übersetzung heißt es: „Martha war sehr beansprucht vom vielen Dienen" (Lk 10,40a). Werden Sie manchmal von der Last niedergedrückt, wenn Sie dienen? Warum? Wie können Sie mehr wie Maria dienen?

5. Wie beschreibt Jesus echten Dienst (Mk 10,42-45)? Würde das Beispiel Marthas dieser Vorstellung von Dienst entsprechen? Warum oder warum nicht?

6. Fällt Ihnen eine Situation aus Ihrem Leben ein, wo wirkungsvoller Dienst auf geistliche Anbetung folgte?

Zur Beachtung: Der erste Teil der Hausaufgabe aus Lektion 6 sollte am Morgen nach diesem Treffen begonnen werden (siehe Frage 1 aus der Lektion 6!).

# Maria – eine Frau, die Gott die Ehre gibt

*„Und sie steht auf, wenn es noch Nacht ist,und gibt geistliche Speise ihrem Haus... Sie gürtet ihre Lenden mit Kraft." (geistliche, seelische und körperliche Kraft für ihre gottgegebenen Aufgaben)* – (Spr 31,15.17 mit Erklärung).

Das Haar fiel ihr ins Gesicht und sie strich es zurück, während sie ihre Brötchen formte. Sie hielt inne und wischte sich die Hände ab, um den Linseneintopf umzurühren. Das Risotto mußte noch gemacht und der Tisch gedeckt werden. Wo war überhaupt ihre Schwester? Warum wurde sie bei der Küchenarbeit alleingelassen?

Martha beugte sich durch die Türe zum Nebenraum. Sie kochte innerlich vor Zorn, als sie Maria entdeckte, wie sie neben Jesus kniete und aufmerksam jedem einzelnen seiner Worte folgte. „Herr, kümmert es dich nicht, daß meine Schwester mich allein gelassen hat zu dienen?" fragte Martha entrüstet. „Sage ihr doch, daß sie mir helfe", befahl sie (Lk 10,40).

Jesus wandte sich langsam um. Seine Augen richteten sich mit einem durchdringenden Blick auf Martha. „Martha, Martha", antwortete der Herr. „Du bist besorgt und beunruhigt um viele Dinge; eins aber ist not. Maria aber hat das gute Teil erwählt, das nicht von ihr genommen werden wird" (Lk 10,41-42).

Maria und Martha, die Schwestern aus der Stadt Bethanien, wollten beide dem Herrn gefallen. Jesus aber wies die eine Frau wegen ihrer Mühe zurecht, während er die andere lobte. Warum? Lehnte der Herr den Dienst ab? Wohl kaum. Wiederholt lehrte er die Wichtigkeit des demütigen Dienstes. Und doch hielt Jesus, der größte Diener, der „nicht gekommen ,war', um bedient zu werden, sondern um zu dienen" (Mk 10,45), Maria nicht dazu an, sich an die Arbeit zu machen.

In einer ersten Reaktion auf diesen Bericht könnten wir Mitleid mit Martha bekommen. Wir kennen alle diese Situationen, wo wir mit der ganzen Schmutzarbeit alleingelassen wurden, während sich die anderen amüsierten. Martha beschuldigte Maria der Faulheit, und auf den ersten Blick könnten wir geneigt sein, ihr Recht zu geben. Aber Jesus sah auf Marthas Herz und ihre Motive.

## Geistliche Unempfänglichkeit führt zu nutzlosem Dienst

Marthas Irrtum war die Folge von falschen Prioritäten. Hingabe muß dem Handeln vorausgehen. Dienst an sich ist nicht unbedingt von großem Wert. Nur wenn er aus der rechten Motivation und mit einem ordentlichen Ziel geschieht, ist Dienst fruchtbringend. Martha war von einem unnötigen Dienstprojekt in Beschlag genommen. Jesus war nicht ins Haus der Schwestern gekommen, damit man ihm krampfhaft diente. Er wollte geistliche Wahrheiten vermitteln. Überlegen wir uns, was sich in der Szene in Lukas 10 möglicherweise änderte, hätte Martha auf die Anweisung des Herrn gewartet, bevor sie diente.

## Was anders geworden wäre, hätte Martha zuerst angebetet

*1. Martha hätte Ehrfurcht und Vertrauen auf den Gott des Universums bekommen*

Sie hätte niemals wie in Lukas 10,40 angedeutet, daß sich Jesus nicht um ihr Wohlergehen kümmerte. Sie hätte gewußt, daß sich Jesus nicht nur um sie kümmert, sondern in seiner aktiven Anteilnahme auch bereit war, sein Leben zu opfern. Er erklärt sein Interesse für jeden unserer Lebensbereiche (1. Petr 5,7).

*2. Martha hätte einen sanften und stillen Geist entwickelt*

In der Gegenwart des Friedensfürsten und Trägers aller Lasten (siehe Psalm 68,20) war Martha von selbstauferlegten Lasten niedergedrückt. „Sie war besorgt und beunruhigt um viele Dinge" (Lk 10,41), während sie den Frieden Gottes hätte in Anspruch nehmen können (Jes 26,33).

*3. Die herrische Martha hätte Rat suchen können*

„Denn wer hat des Herrn Sinn erkannt, oder wer ist sein Mitberater gewesen?" (Röm 11,34). Martha kritisierte Jesus, anstatt Weisung zu suchen. In Lukas 10,40 wies sie ihn zurecht, weil er Maria nicht aufforderte, ihr beim Arbeiten zu helfen. Auch später war ihr Glaube noch schwach. Am Grab ihres Bruders Lazarus stellte sie den Befehl des Herrn, den Stein zur Seite zu rollen, in Frage. Als wüßte sie es besser als Jesus, bezweifelte sie seine Anordnung mit dem Vorwurf: „Herr, er riecht schon, denn er ist vier Tage hier" (Joh 11, 39).

### 4. Martha wäre eine bessere Gastgeberin gewesen

Die besondere Bewirtung ihres Gastes, die ihr vor allem am Herzen lag, ging vor lauter Geschäftigkeit unter. Ihre ganze Mühe bewirkte den gegenteiligen Effekt davon, was sie erhofft hatte. Wenn unsere Ziele nicht mit Gottes Plänen übereinstimmen, geht die Frucht unserer Arbeit verloren. Ein Sprichwort faßt dieses Paradoxon zusammen: „Besser ein trockener Bissen und Ruhe dabei als ein Haus voller Festspeisen, aber Streit dabei" (Spr 17,1).

### 5. Martha hätte ihre Prioritäten ordnen können

Sie war mit Details und zweitrangigen Dingen beschäftigt statt mit der Hauptaufgabe des Tages. Die größte Not war nicht, Jesus zu bewirten, sondern vielmehr von dem ewigen Brot zu essen, das er geben würde.

### 6. Martha hätte Maria nicht gerichtet.

Wenn wir auf den Herrn schauen, wird unser richtender Geist anderen gegenüber in einen Geist voller Liebe und Mitgefühl verwandelt. Wenn wir die Gemeinschaft mit Gott vernachlässigen, sind wir oft Menschen gegenüber sehr kritisch, auch wenn sie keinen Fehler gemacht haben.

### 7. Martha wäre geehrt worden

Jesus lehrte: „Wenn mir jemand dient, so folge er mir nach; und wo ich bin, da wird auch mein Diener sein. Wenn mir jemand dient, so wird der Vater ihn ehren" (Joh 12,26).

## Einem Dienst von bleibendem Wert geht Hingabe voraus

Jesu Lob für Maria steht in scharfem Kontrast dazu, wie er ihre Schwester Martha beurteilte. Während Martha als die besorgte Hausfrau in Erinnerung bleibt, wird Marias Würdigung in Ewigkeit Bestand haben.

In den verschiedenen Schriftstellen über diese beiden Frauen nimmt Maria wiederholt den niedrigen Platz ein, zu Jesu Füßen sitzend. Sie hört seiner Unterweisung zu (Lk 10,39) und sucht Trost bei ihm (Joh 11,32). Während Martha fortfährt, ihn anzuklagen (Joh 11,1.39), beobachtet Maria still das Wirken der Hand Gottes. Weil sie Zeit mit Jesus verbringt, erkennt sie, welche Art des Dienstes ihm wirklich gefällt. Sechs Tage vor dem Passahfest wäscht sie, das Nahen seines Todes und Begräbnisses vorhersehend, seine Füße mit wertvoller Salbe und trocknet sie mit ihren Haaren (Joh 12,1-8). Obwohl andere spotteten, empfiehlt Jesus Maria für ihr Handeln, indem er sagt: „Was macht ihr der Frau Mühe? Sie hat doch ein gutes Werk an mit getan" (Mt 26,10). Jesus sagte: sie „tat es zu meinem Begräbnis" (Mt 26,12). Da Maria den Worten des Herrn zuhörte, wußte sie etwas, das nicht einmal die Zwölf verstanden hatten: sie sah seinen kommenden Tod voraus.

Zum Gedenken an Maria erwähnte Gott in seiner Inspiration diese Geschichte in drei der Evangelien. Jesus betonte seine Anerkennung, als er ausrief: „Wahrlich, ich sage euch: Wo dieses Evangelium gepredigt werden wird in der ganzen Welt, wird auch von dem geredet werden, was sie getan hat, zu ihrem Gedächtnis" (Mt 26,13).

Anbetung aus ganzem Herzen führt uns zu wohlgefälligem Dienst. Wir haben die Wahl, wie Martha Gott nach unseren eigenen Vorstellungen zu dienen, oder wie Maria in Demut Zeit zu seinen Füßen zu verbringen, um seine Führung und Stärke zu suchen. Wenn wir dann seinen Willen kennen, können wir ihm in Klugheit und auf eine Weise dienen, die bleibenden Wert hervorbringen wird. „Eine Frau, die den HERRN fürchtet, die soll man rühmen" (Spr 31,30).

Eine gottgeschätzte Frau wird beides sein: Dienerin und hingegebene Lernende. Aber indem man lernt, eine Maria zu sein, erhält man, was notwendig ist, um eine rechte Martha zu werden.

# Gott ehren

*Studienblatt*

1. Bereiten Sie sich vor, um aus Ihrer dieswöchigen Stillen Zeit mitzuteilen. Sie können entweder Ihr reguläres Programm weiterlesen oder jeden Tag fortlaufend Psalmen lesen. Halten Sie in einem Tagebuch fest, wieviel Sie lesen, sowie einen Hauptgedanken, der Sie angesprochen hat, und eine persönliche Anwendung.

Beispiel:

Datum

Text

Schlüsselverse

Gedanke, der mich angesprochen hat

Persönliche Anwendung

2. Viele gottesfürchtige Menschen in der Schrift und in der Geschichte pflegten früh aufzustehen, um Gott zu begegnen. Welche Gründe sprechen dafür?

1. Samuel 1,19

Hiob 1,5

Psalm 5,3

Psalm 59,17

Psalm 88,14

Psalm 143,8

Jesaja 50,4

3. Welcher Segen ist mit abendlichen Andachten verknüpft?

Psalm 55,18

Psalm 63,1.6.7

Psalm 119,55

Psalm 119,148

Jesaja 26,8-9

4. Kennen Sie andere Möglichkeiten, im Herrn zu wachsen?

5. Welche Hindernisse gibt es in unserer persönlichen Stillen Zeit (Sprüche 6,9; Psalm 66,18)?

Fallen Ihnen weitere Hindernisse ein? Welche Einfälle haben Sie verwirklicht, um diese Hindernisse zu überwinden?

6. (Freiwillig) Beschreiben Sie eine Zeit Ihres Lebens, in der Sie durch eine Schriftstelle getröstet oder geleitet wurden.

# Gott ehren

*„Den alten Frauen gebiete, daß sie sich halten, wie den Heiligen ziemt."*
(Luther, Titus 2,3)

Mein erstes Kind, ein rothaariger Sohn, kam sieben Wochen zu früh. Er atmete nicht ohne Unterstützung und auch dann nur schwach. Die Schwester ließ ihn gerade lange genug auf meinen Armen, daß sich mein Blick mit seinem verfing und er mein Herz gewann. Ich habe ihn nicht wieder gesehen. Er starb sechs Stunden nach der Geburt.

Gott erhörte mein Gebet und ich wurde wieder schwanger. Sam kam drei Wochen zu früh. Zehn Tage nach seiner Geburt war sein Gewicht auf weniger als 2,5 Kilogramm gesunken und er hatte eine schwere Gelbsucht. Unser Kinderarzt veranlaßte uns, mit Sam in die Kinderklinik zu eilen, um auf der Neugeborenen-Intensivstation einen vollständigen Blutaustausch durchführen zu lassen.

Würde er überleben? Panik überkam mich in lähmender Angst. Auf der Fahrt ins Krankenhaus umklammerte ich meinen Sohn. Die Hügel entlang der Autobahn schienen auf mich einzustürzen. Ein Vers blitzte in meinen Gedanken auf. „Gott ist uns Zuflucht und Stärke, als Beistand in Nöten reichlich zu finden. Darum fürchten wir uns nicht, wenn auch die Erde erbebte und die Berge mitten ins Meer wankten."

Augenblicklich trat eine geistliche Ruhe an die Stelle der Angst. Ich lockerte meinen Griff um Sam, entspannte mich und wiegte ihn zärtlich. „Danke, Herr, für die Freude, die mein Sohn in mein Leben gebracht hat, auch wenn es nur für kurze Zeit wäre. Ich befehle ihn nun deiner Fürsorge an."

Eines verwunderte mich. Wann hatte ich diesen Vers gelernt? Ich hatte sehr viel daran gearbeitet, Bibelworte auswendig zu lernen, aber ich konnte mich nicht erinnern, diese Stelle gelernt zu haben. Tage vergingen. Sam erholte sich, ohne eine Transfusion zu brauchen. Das Leben verlief wieder in normalen Bahnen. Dann eines Morgens, als ich das Wohnzimmer saubermachte, hielt ich inne und las die Handschrift auf dem Bild, das ich Jahre zuvor eingerahmt hatte. „Gott ist uns Zuflucht und Stärke ...". „Von hier kenne ich den Vers!" rief ich.

Als Hausfrau und Studentin mit kleinem Einkommen hatte ich unser Heim erfinderisch mit verschiedenem Kleinkram dekoriert. Ich hatte einen Vers aus einer Konkordanz ausgewählt, um die friedliche Berglandschaft zu beschreiben, die ich einer alten Zeitschrift entnommen hatte. Ich lernte, wie man mit chinesischer Tusche auf das Glas eines Bildes schreibt. Während ich den Vers von der Vorlage abschrieb, lernte ich ihn unbewußt auswendig. In der Stunde meiner großen Not lenkte dieser Vers meinen Blick weg von meinem Problem auf den, der mich stützt. Gottes Wort kam nicht leer zurück.

Anregende Dekorationen zu gestalten, ist nur eine von vielen Möglichkeiten, Gottes Gedanken in unser Denken so einzubauen, daß wir ihn in unseren täglichen Unternehmungen ehren können. „So wollen wir uns reinigen von jeder Befleckung des Fleisches und des Geistes und die Heiligkeit vollenden in der Furcht Gottes" (2. Kor 7,1).

Betrachten wir einige Möglichkeiten, in unserem geistlichen Wandel zuzunehmen:

## Bitten Sie den Herrn um Führung am Beginn des Tages

Viele gottesfürchtige Heilige beginnen ihren Tag mit einer Stillen Zeit. „Laß mich am Morgen hören deine Gnade", sagte David, „denn ich vertraue auf dich. Tu mir kund den Weg, den ich gehen soll, denn zu dir erhebe ich meine Seele!" (Psalm 143,8). Und ein anderes Mal sagt er: „Herr, in der Frühe wirst du meine Stimme hören. In der Frühe rüste ich dir ein Opfer zu und spähe aus" (Ps 5,3). Mose, Daniel und andere von den alten Heiligen erkannten ihr Bedürfnis nach persönlicher Gemeinschaft mit Gott am Morgen.

Hiob stand früh auf, um für seine Kinder zu beten (Hiob 1,5) und Hanna und Elkana machten sich früh auf, um den Herrn anzubeten (1. Sam 1,19). Die Psalmisten suchten die Führung und Hilfe des Herrn, indem sie auf sein Wort hofften (Ps 119,147). David betete (Ps 5,3) und pries Gott (Ps 59,17). Heman bekannte seine Abhängigkeit von Gott (Ps 88,14). Jesus suchte die Gemeinschaft seines Vaters Morgen für Morgen, damit er in Weisheit denen helfen konnte, die in Not waren. „Der Herr, Jahwe, hat mir die Zunge eines Jüngers gegeben, damit ich erkenne den Müden durch ein Wort aufzurichten. Er weckt mich, ja Morgen für Morgen weckt er mir das Ohr, damit ich höre, wie Jünger hören" (Jes 50,4).

## Denken Sie an den Herrn am Ende des Tages

Abendliche Andachten werden in der Schrift häufig erwähnt. Tatsächlich hatten viele biblische Personen wie Daniel regelmäßig drei besondere Zeiten des Gebetes und der Gemeinschaft mit Gott. David spricht nicht nur davon, Gott früh zu suchen (Ps 63,1), sondern auch über ihn nachzudenken, während er auf seinem Nachtlager liegt (V. 7). Der Schreiber von Psalm 119,147-148 spricht vom Hoffen auf das Wort in der Morgendämmerung und vom Nachdenken über das Wort in den Nachtwachen. Um das Unterbewußtsein unter Kontrolle zu haben, legen viele Heilige Wert darauf, zumindest kurz in der Bibel zu lesen, bevor sie zu Bett gehen. So können sie einschlafen, während sie über das Gelesene nachdenken. Manchmal, während einer besonderen Versuchung, bleiben Christen vielleicht bis spät in die Nacht auf, um eine durchgehende Zeit mit dem Herrn zu verbringen.

## Pflanzen Sie das Wort ins Herz ein, um es ständig parat zu haben

In der Schrift ermutigt uns Gott öfters dazu, über sein Wort Tag und Nacht zu sinnen (Jos 1,8; Ps 1,2 etc.). Verschiedene Methoden erleichtern das Nachdenken während des Tages.

*1. Lernen Sie Schlüsselverse auswendig*

Machen oder besorgen Sie Kärtchen mit ausgewählten Bibelversen und bringen Sie diese an strategischen Punkten an. Die Lernkärtchen können mit einem geeigneten Klebeband an der Duschwand, am Kühlschrank oder auf der ersten oder letzten Seite eines Schulheftes befestigt werden. Verse können auf eine Pinwand neben dem Telefon gesteckt oder am Spiegel im Bad angebracht werden. Wir können einen Vers in unserer Handtasche mittragen, um die Zeit untertags auszukaufen. Die Verse können bei einzelnen Gelegenheiten wiederholt werden, während wir auf jemanden warten oder auf Reisen sind.

*2. Singen sie Bibeltexte*

Vertonen Sie die Schrift oder singen Sie Verse, die von anderen vertont wurden. Wir erinnern uns mit Freude eher an Worte, die wir singen. Unser Gott ist ein singender Gott (Zeph 3,17). Er hat ein neues Lied in das Herz seiner Kinder gelegt. Vierzigmal erwähnen die Propheten im Alten Testament das Singen. Die Psalmen sind voller Hinweise auf das Singen. „Singen will ich dem HERRN mein Leben lang, ich will meinem Gott spielen, solange ich bin" (Ps 104,33). „Singt ihm, spielt ihm, redet von allen seinen Wundern" (105,2). „Da glaubten sie seinen Worten, sie sangen sein Lob" (106,12). „Sie sollen Dankopfer darbringen und mit Jubel seine Taten erzählen" (107,22). „Gefestigt ist mein Herz, o Gott! Ich will singen und spielen" (108,1). Musik ist sowohl ein Ausdrucksmittel als auch ein ausgezeichneter Weg, Wahrheiten zu bekräftigen.

## Planen Sie besondere Zeiten der Stille

Längeres Gebet und Nachdenken können belebend sein. Ziehen Sie sich gelegentlich von der täglichen Routine zurück, um zusätzliche Zeit mit dem Herrn zu verbringen. Viele Heilige schieben periodisch einen Tag des Gebetes und Fastens ein. Eine bestimmte Zeit abseits der täglichen Hast und Eile ist besonders hilfreich, bevor man wichtige Entscheidungen trifft. In Zeiten ungestörter Anbetung scheint man für die Führung des Heiligen Geistes empfänglicher zu sein (Apg 13,2.3; 14,23).

## Beten und lobsingen Sie in Gemeinschaft

„Gott ist gefürchtet im Kreis der Heiligen, groß ist er und furchtbar über alle, die rings um ihn her sind" (Ps 89,8). Persönliches Lobpreisen und Anbeten hatte gemeinsame Erhebung des Herrn als natürliche Folge (Ps 34,1-4). Sich regelmäßig mit anderen Gleichgesinnten zu einer Anbetungsstunde einzufinden, ist neben der persönlichen Anbetung ein unentbehrlicher Weg, um sein Leben auf Jesus auszurichten. Christus liebte die Gemeinde und gab sich selbst für sie hin (Eph 5,25). Vieles im Neuen Testament ist an die Gemeinde als Gesamtheit gerichtet. Christen als Einzelgänger entsprechen nicht dem Plan Gottes

## Zusammenfassung

Jesus sagte: „Ich bin der Weinstock, ihr seid die Reben. Wer in mir bleibt und ich in ihm, der bringt viel Frucht, denn getrennt von mir könnt ihr nichts tun" (Joh 15,5). Eine kostbare Frau in den Augen Gottes ist eine Frau, die Gott erfinderisch und beständig anbetet. „Es fürchte den HERRN die ganze Erde; mögen sich vor ihm scheuen alle Bewohner der Welt" (Psalm 33,8).

# Miriam – eine Frau,
# die unfreundlich redet

*Studienblatt*

1. Lesen Sie 4. Mose 12,1-15. Wie sollten andere nach den Vorstellungen Miriams sie selbst und Mose sehen (4. Mose 12,1-2)?

2. Wie sah Gott Mose (4. Mo 12, 3-9)?

3. Wie beurteilte Gott die Sünde Miriams (4. Mo 12,9-14; Sprüche 6,16; 1. Tim 5,19)?

4. Warum hält Gott Klatsch für eine solch ernste Sünde?

   Spr 11,9

   Spr 16,28

Spr 17,9

Spr 26,20

5. Fällt Ihnen eine Situation ein, in der Sie selbst durch Klatsch verletzt worden sind?

Fällt Ihnen eine Begebenheit ein, wo Sie sich schuldig machten, jemanden durch Klatsch verletzt zu haben? Was haben Sie unternommen, um den zugefügten Schaden wiedergutzumachen?

6. Wie wirkte sich Miriams Sünde auf andere aus (4. Mo 12,15)?

Wie können wir dazu beitragen, Klatsch zu unterbinden (Spr 14,15 und 18,13)?

# Miriam – eine Frau, die unfreundlich redet

*„... ebenso die alten Frauen in der Haltung, wie es der Heiligkeit geziemt, nicht verleumderisch ... damit sie die jungen Frauen unterweisen, ... freundlich zu sein.“* (Titus 2,3-5)

Sie wurde von Eifersucht gepackt, als sie beobachtete, wie die Leute ihren Bruder ehrten. Warum bekam er alle Aufmerksamkeit? Was hatte er besser getan, als sie es tun könnte? Stammten sie nicht aus derselben Familie?

Eines war sicher. Solange sie seine Position nicht schwächen konnte, würde sie von niemandem beachtet werden. Wie könnte sie bei anderen Vorurteile gegen ihn erwecken? Sein Leben war makellos. Wie stand es mit seiner Frau? Mose, ihr Bruder, hatte eine Frau aus einem anderen Volk geheiratet. Die anderen würden seiner Frau nicht dieselbe Loyalität entgegenbringen wie ihrem geistlichen Führer.

Nun ging es darum, Unterstützung zu gewinnen. Aaron war eine leichte Beute. Auch er kämpfte mit der Rivalität unter Geschwistern und beneidete die Beliebtheit seines Bruders. Er griff Miriams Beschuldigung auf. Gemeinsam forderten Miriam und Aaron das Volk heraus: „Hat der HERR nur etwa mit Mose geredet? Hat er nicht auch mit uns geredet?“ (4. Mo. 12,2). Ihr Plan schlug fehl. „Der HERR hörte es“ (V. 2b). Gott kannte den wahren Charakter Moses. Er beschrieb ihn als „sehr demütig, mehr als alle Menschen, die auf dem Erdboden waren“ (V. 3). Der Herr rief die drei Geschwister zum Zelt der Begegnung zusammen. Wie ein schuldiges Kind vor seinem Vater muß sich Miriam gefürchtet haben, als sie in ihrer Sünde vor Gott stand.

Der Herr deckte ihren Fehler auf. Er rief sie näher und sagte: „Wenn ein Prophet des HERRN unter euch ist, dem will ich mich in einem Gesicht zu erkennen geben, im Traum will ich mit ihm reden. So steht es nicht mit meinem Knecht Mose. Er ist treu in meinem ganzen Haus; mit ihm rede ich von Mund zu Mund, im Sehen und nicht in Rätselworten, und die Gestalt des HERRN schaut er. Warum habt ihr euch nicht gefürchtet, gegen meinen Knecht, gegen Mose, zu reden?“ (Verse 6-9).

Der Zorn des Herrn entbrannte gegen Miriam. Auf anschauliche Weise offenbarte er sein Mißfallen. Als er ging, war die Frau, die Anerkennung gesucht hatte, öffentlich bloßgestellt und beschämt, über und über bedeckt mit entsetzlichem Aussatz. Nachdem Mose für ihre Heilung gebetet hatte, versprach Gott, sie zu reinigen, aber nicht bevor sie sieben Tage lang außerhalb des Lagers die Isolation erlitten hatte (Vers 15). Ihre Sünde brachte ihr persönliche Verlegenheit und Schmerz, und die gesamte Versammlung litt mit. „Das Volk brach nicht auf, bis Miriam wieder aufgenommen worden war" (V. 15b).

## Klatsch ist gefährlich

Klatsch zerstört das Werk des Herrn.

*1. Klatsch zerstört Freundschaften und trennt Gläubige*

Klatsch kann mit seiner Klinge sogar die besten Freundschaften zerschneiden und entzweien (Ps 50,19-23; Spr 16,28). Da man einerseits so schnell in diese Sünde fällt, und sie andererseits so zerstörerisch für das Werk des Herrn wirkt, ist Sieg auf diesem Gebiet eine Voraussetzung, um andere Frauen zu lehren (Titus 2,3-5). Verleumdung oder Klatsch sind ein verbaler Versuch, eine andere Person herabzusetzen. Aber Gott hört unseren Gesprächen zu. Er wird den Unschuldigen freisprechen.

Die Einheit der Gläubigen ist so wichtig, daß Handlungen, die Unstimmigkeit erzeugen, dem Herrn ein Greuel sind (Spr 6,16-19), besonders Anklagen gegen leitende Geschwister (1. Tim 5,19).

*2. Klatsch verstärkt das ursprüngliche Problem*

Vielleicht verbreitet eine Frau Klatsch, um den Druck loszuwerden, der durch einen ungelösten Konflikt aufgestaut wurde. Sie gibt vertrauliche Informationen an jemanden weiter, der weder mit dem Konflikt selbst noch mit dessen Lösung etwas zu tun hat. Während sie zögert, direkt zum Schuldigen zu gehen, läßt sie ihren Dampf ab, indem sie einer dritten Person davon erzählt. Doch anstatt vom Druck zu befreien, vergrößert Klatsch nur den Ärger. Die Belastung nimmt zu, und das Grundproblem bleibt ungelöst.

Eine Reihe von Fragen könnte behilflich sein, die Motivation zu erkennen, wenn man versucht ist zu tratschen. Wir könnten fragen: „Geht es mir mehr um die Lösung des Problems, oder macht es mir Spaß, über das Problem selbst nachzudenken? Werde ich von Neid, Stolz oder egoistischem

Eifer geleitet? Möchte ich diese Person bloßstellen, damit ich besser daste-
he? Sehne ich mich nach Harmonie und Frieden im Leib des Herrn, oder
würden mir Spaltungen gefallen? Benutze ich das Gebet als Vorwand für
Klatsch? Ging es um mich – wollte ich dann, daß andere in dieser Weise
von mir reden?"

Der Dienst des Zudeckens wird in Sprüche 10,12 der zerstörerischen Wirkung von Klatsch gegenübergestellt: „Haß erregt Zänkereien, aber Liebe
deckt alle Vergehen zu." Wenn wir versucht sind, jemanden zu kritisieren,
tun wir gut daran, uns zu erinnern, „wie gut und wie lieblich ist es, wenn
Brüder einträchtig beieinander wohnen" (Ps 133,1b).

## Wie man sich bei Klatsch verhält

Lassen Sie sich nicht dazu hinreißen, für jemanden Partei zu ergreifen oder
einem Vorwurf Gehör zu schenken. Wer auf einen Vorwurf eingeht und der
Klage eines anderen zuhört, wird dabei selbst hineingezogen. Anstatt den
Geschwätzigen zu dem Betroffenen zurückzuschicken, stellt man sich auf
die Seite des Schwätzers, wenn man der Klage Gehör schenkt. Es kann
aber sein, daß der Geschwätzige entscheidende Punkte ausläßt, die die
Sache ganz anders aussehen lassen. Ein Dritter vergrößert das Problem,
weil er das erlittene Unrecht verstärkt und dabei nicht dazu beiträgt, die
Kränkung zu lindern.

## Der Segen des Friedenstiftens

Eine Friedenstifterin ist eine, die liebend gern Konflikte löst. Sie durch-
bricht negative Kettenreaktionen. Einem Schwätzer zuzuhören, bedeutet
nur, Öl ins Feuer des Märchenerzählers zu gießen. Aber „wo das Holz zu
Ende geht, erlischt das Feuer; und wo kein Ohrenbläser ist, kommt der
Zank zur Ruhe" (Spr 26,20). Statt sich daher an der „saftigen Geschichte"
zu erfreuen, wird die Friedenstifterin die Klatschtante zur betreffenden
Person zurückschicken. Sie sollte die Frage stellen: „Warum erzählst du
mir das?" oder „Hast du mit der Person schon über dein Mißverständnis
gesprochen?" Bedenken Sie, daß schon das Anhören von Klatsch allen
Beteiligten schaden kann. „Die Worte des Ohrenbläsers sind wie Lecker-
bissen, und sie gleiten hinab in die Kammern des Leibes" (Spr 26,22).

Wenn eine Friedenstifterin eine negative Sache über ihre Freundin mitbe-
kommt, wird sie keine voreiligen Schlüsse ziehen. Die Bibel warnt uns
davor, Vermutungen anzustellen, bevor wir die Tatsachen kennen (Spr

14,15). Eine Seite der Geschichte ist nie die ganze Geschichte (Spr 11,9; 18,13). Die Friedenstifterin wird vielleicht später durch diskrete Fragen an die kritisierte Person die zweifelhaften Informationen abklären.

Jakobus verheißt, daß die „Frucht der Gerechtigkeit in Frieden denen gesät wird, die Frieden stiften" (Jak 3,18). Schwätzer halten das Werk Gottes auf, wie Miriam das ganze Lager aufgehalten hatte; aber Frauen, die freundlich reden, werden andere segnen.

# Freundlich reden

*Studienblatt*

1. Die Frau aus Sprüche 31 sprach mit Weisheit und Freundlichkeit (Vers 26). Wie können wir unsere Zunge in positiver Weise verwenden? Erklären Sie.

   Psalm 15,1

   Psalm 34,1-3

   Sprüche 12,25

   Sprüche 16,23-24

2. Nennen Sie ein Beispiel, wie Ihnen jemand in letzter Zeit durch sein Reden geholfen hat. Erklären Sie, warum die Worte so bedeutsam waren.

3. Wenn es unmöglich oder unausführbar ist, eine Anschuldigung zu übergehen, warum ist es dann am besten, direkt zu der betroffenen Person zu gehen, bevor man die Sache mit jemandem anderen bespricht?

   Sprüche 25,9-12

   Matthäus 18,15

   Lukas 17,3-4

4. Was gehört zu einer weisen Ermahnerin? Erklären Sie. Sind Sie jemals in kluger (oder unkluger) Weise ermahnt worden? Wenn ja, beschreiben Sie, wie sich dies ausgewirkt hat!

5. Beschreiben Sie Schmeichelei (Psalm 12,2). Warum schmeicheln wir? Warum ist es falsch?

Sprüche 12,17-19

Sprüche 26,28

Sprüche 29,5

6. Warum sind wir zänkisch? Erzählen Sie ein persönliches Beispiel einer kürzlichen Zänkerei. Wie reagierte die andere Person darauf? Beschreiben Sie die Auswirkung des Zankens.

Sprüche 19,13b

Sprüche 21,19

Sprüche 25,24

# Eine Frau, die freundlich redet

*„Ihren Mund öffnet sie mit Weisheit und freundliche Weisung ist auf ihrer Zunge."* (Spr 31,26)

Karen hörte aufmerksam zu, als ihr Mann Bob die Sonntagschulklasse der Erwachsenen unterrichtete. Sie wünschte sich, daß er ein starker Leiter würde, und war bestrebt, ihm zu helfen, sich auszuzeichnen. „Er kann froh sein, daß er mich hat", dachte sie stolz. „Wie würde er sonst erkennen, um wieviel er sich verbessern könnte?"

An einem Sonntagnachmittag gestand Bob, bevor Karen ihre Kritik über die Morgenlektion vorgebracht hatte: „Ich glaube, ich sollte nächsten Monat vom Lehrdienst zurücktreten." „Zurücktreten???" wiederholte Karen, wobei ihre Stimme ihre Verwirrung ausdrückte. „Wer könnte *Deinen* Platz einnehmen? Du bist ein ausgezeichneter Lehrer!" Bob blickte zu Boden. „Wie sollte dies möglich sein, wenn ich so viele Fehler mache?" fragte er. „Aber deine Fehler sind alle unbedeutend", versicherte Karen ihm. Er hob seinen Kopf. Ein Lebensfunke kehrte in seine Augen zurück. Zum ersten Mal erkannte sie, wie sie in ihrem Versuch zu helfen seine Selbstachtung zerstört hatte.

In der nächsten Woche machte sie einen neuen Anlauf. Sie beschloß, in ihrem Gedächtnis alles zu speichern, was ihr Mann richtig machte. Im Gebet bat sie Gott, ihr dabei zu helfen, eine ehrliche Ermutigerin zu sein. Nach dem Vortrag sagte sie beiläufig: „Larry hat heute wirklich eine schwierige Frage gestellt. Ich frage mich, wie ich geantwortet hätte." Bob zeigte kein Interesse an dem Gespräch, aber sie fuhr fort. „Mann, du hast das wirklich gut gemacht!" Bob starrte Karen ungläubig an. Mit merkbarer Freude in seiner Stimme sagte er: „Stimmt das wirklich?" Sein Blick verlangte nach mehr, und so fuhr Karen fort und erwähnte lobend einige andere Vorzüge der Predigt an diesem Morgen. Er lächelte und hörte angespannt zu.

Woche für Woche fuhr sie fort, ihn zu ermutigen. Nachdem sie zu nörgeln aufgehört hatte, überwand er nach und nach hartnäckige Schwachstellen. Indem sie ihn weiter aufbaute, nahmen seine Führungsqualitäten zu. Einige Jahre später trat er in den vollzeitigen christlichen Dienst. Dieselbe Zunge, die „ein unstetes Übel, voll tödlichen Giftes" (Jak 3,8) sein kann, ist fähig, anderen zu dienen. Richtige Worte werden verglichen mit süßem

Honig für die Seele, Heilung für das Gebein (Spr 16,23-24) und mit wertvollem Gold (Spr 25,11).

In dieser Lektion wollen wir einige Möglichkeiten untersuchen, wie wir andere mit unserem Reden erbauen und aufrichten können. Umgekehrt werden wir Redensarten betrachten, die zerstörerisch sind und vermieden werden sollten. Eine kostbare Frau in den Augen Gottes sollte lernen, Freunde in Schutz zu nehmen, Frieden zu fördern und andere zu loben.

## Gesundes Reden

In Epheser 4,29-32 werden mehrere Wege beschrieben, wie wir unser Reden zum Wohl anderer beherrschen können.

*1. Seien Sie einfühlsam und diskret*

Das Reden einer gottesfürchtigen Frau sollte auferbauen. „Kein faules Wort komme aus eurem Mund, sondern nur eins, das gut ist zur notwendigen Erbauung, damit es den Hörenden Gnade gebe" (Vers 29). Schonen Sie die Zeit anderer, indem Sie banale Gespräche vermeiden. Frauen sind für übermäßiges Plaudern bekannt (Pred 5,1-2). Reine Worte schützen den Zuhörer. Offen über sexuelle Sünden zu reden, sei es auch in ablehnender Weise, kann Lust und Begierden wecken. Solche Dinge sollten nicht einmal genannt werden (Eph 5, 3.4.11.12).

*2. Seien Sie von Liebe motiviert*

„Alle Bitterkeit und Wut und Zorn und Geschrei und Lästerung sei von euch weggetan, samt aller Bosheit" (Eph 4,31). Ersetzen Sie Feindseligkeit durch Erbarmen und Liebe. „Seid aber zueinander gütig, mitleidig, und vergebt einander, so wie Gott in Christus euch vergeben hat" (Vers 32). Wer ein vergebendes Herz hat, kann über Vergehen hinwegsehen: „... wer aber zuverlässigen Sinnes ist, hält die Sache verborgen" (Spr 11,13). „Wer Vergehen zudeckt, strebt nach Liebe; wer aber eine Sache immer wieder aufrührt, entzweit Vertraute" (Spr 17,9).

Manchmal ist es jedoch nicht ratsam, ein Vergehen zu ignorieren. Wenn wir uns gedrängt fühlen, über das Problem zu reden, müssen wir direkt zu dem Betroffenen hingehen und persönlich mit ihm reden (Mt 18,15; Lk 17,3.4). „Deinen Rechtsstreit führe mit deinem Nächsten, aber gib nicht preis, was ein anderer dir anvertraut hat, damit dich nicht schmäht, wer es hört, und dein übler Ruf nicht mehr weicht!" (Spr 25,9.10). Wenn die Schuldige erfährt, daß man hinter ihrem Rücken redet, wird sie verletzt sein, und es wird ihr schwerfallen zu vergeben. Wenn die Schuldige direkt und in der rechten Gesinnung angesprochen wird, könnte sie jedoch als Freund gewonnen werden. „Ein goldener Ohrring und ein Halsgeschmeide aus feinem Gold, so ist ein weiser Mahner für ein hörendes Ohr" (Spr 25,12).

Was ist eine weise Mahnerin? Eine weise Mahnerin ist bereit, die Wahrheit in Liebe zu sagen, wenn die Möglichkeit besteht, einer Person konstruktiv zu helfen (Spr 9,7-9; Eph 4,15). Sie ist sanft und demütig (Kol 4,6; Gal 6,1). Eine leise Rüge reicht oft aus, um größere Veränderungen zu bewirken. „Eine sanfte Zunge zerbricht Knochen" (Spr 25,15), während ein schroffes Wort einen irreparablen Schaden anrichten kann.

## Erbauliches Reden

Die Menschen werden täglich mit Kritik und Zurechtweisung überhäuft. Wie sehr sehnen wir uns alle nach einem guten Wort des Lobes! Eine Frau, die weiß, wie man in rechter Weise lobt, inspiriert andere um sie herum, wodurch sie zu größeren Leistungen fähig werden, als es sonst der Fall wäre. Ihre Zuversicht gibt ihnen Hoffnung. Sie werden zu Liebe und guten Werken angespornt (Hebr 10,24) und zwar in Bereichen, in denen sie es ohne die Ermutigung durch andere nicht gewagt hätten.

Niemand ist vollkommen, und wenn wir Dinge finden wollen, die wir kritisieren können, werden wir nie einen Mangel haben. Die kluge Frau verwendet ihre Mühe dafür, ihre eigenen Probleme zu überwinden. Sie wird ihre Energie nicht damit verschwenden, die Fehler von allen anderen zu suchen, damit sie sich wegen ihres eigenen Versagens nicht so schlecht fühlen muß. Der Herr fordert uns heraus: „Wie wirst du zu deinem Bruder sagen: Erlaube, ich will den Splitter aus deinem Auge ziehen; und siehe, der Balken ist in deinem Auge?" (Mt 7,4).

Jede von uns ist aufgefordert, eine Frau von sanftem und stillem Geist zu sein (1. Petr 3,4). Unsere Verantwortung liegt darin, uns von Gott verändern zu lassen und nicht andere zu verändern. Wenn wir auf unsere eigenen Fehler schauen, dann sind wir nachsichtiger mit den Schwächen anderer. Wenn wir uns auf die positiven Eigenschaften anderer konzentrieren (Phil 4,8), wird es ganz natürlich sein, sie zu loben.

### 1. Loben aber nicht schmeicheln

Ehrliche Wertschätzung oder Bewunderung ist Lob, aber unehrliche Komplimente sind Schmeichelei. Eine Schmeichlerin redet mit doppeltem Herzen (Ps 12,2) und ist eine Frau, die andere manipuliert. Obwohl es gilt, unehrliche Komplimente zu vermeiden, sollten wir so oft wie möglich loben. Ein sinnvolles Kompliment hat etwas mit Charaktereigenschaften zu tun. So ist es beispielsweise besser, einem Kind zu sagen, daß es ein nettes Lächeln hat (was von ihm selbst abhängt), als die Farbe seiner Augen zu bestaunen (worauf es keinen Einfluß hat).

## 2. *Ermutigen aber nicht nörgeln*

Nörgeln heißt, jemanden immer wieder an seine Verantwortung zu erinnern oder ständig sarkastische Bemerkungen zu machen mit der Haltung „Ich hab' es dir doch gesagt!" Besonders Ehefrauen und Mütter machen sich hier schuldig. Doch Nörgeln bewirkt selten eine Veränderung. Selbst wenn eine Reaktion erfolgt (die meisten Menschen werden alles tun, um einen „tropfenden Wasserhahn" zum Stillstand zu bringen), sind die Veränderungen höchstens vorübergehend. Nörgeln erzeugt Konflikt und Spannung. Eine zänkische Frau wird mit einem ständig tropfenden Dach verglichen (Spr 19,13). „Im Land der Wüste zu wohnen, ist besser als eine zänkische Frau und Verdruß." (Spr 21,19). Das Wohnen in der armseligsten Wohnung übertrifft das Leben in einem großen Haus mit einer zänkischen Frau (Spr 25,24).

Eine Frau lernte das Geheimnis, ihren zänkischen Geist zu korrigieren. Ihr Ehemann pflegte seine Hosen immer über den Stuhl zu werfen. Wiederholt erklärte sie ihm alle Gründe, warum sie seine Unordentlichkeit störte. Stur schleuderte er weiterhin seine Kleidung über die Möbel. Sie beklagte sich, er blieb hart. Als ihre Mutter einmal zu ihr in die Stadt auf Besuch kam, wurde Donna beim Anblick der Hosen ihres Mannes, die über den Stuhl hingeschmissen waren, besonders zornig. Sie kochte innerlich. Als ihre verwitwete Mutter die Hose sah, traf sie ihre Tochter in diesem Augenblick mit den Worten: „Sieh dir das an! Ich wette, du dankst Gott dafür, daß du überhaupt einen Mann hast, der seine Hosen über den Stuhl werfen kann."

Donna erkannte, daß sie sich auf ihre Probleme und nicht auf ihre Segnungen konzentriert hatte. Sie entschloß sich, auf ihre Mutter zu hören und von nun an, sooft sie seine Hosen aufhängen mußte, Gott für ihren Ehemann zu danken. Als sich ihre Einstellung änderte, erkannte ihr Mann, wie unaufmerksam er gewesen war, und er begann seine Hosen aufzuhängen anstatt sie abends einfach fallen zu lassen. Eigentlich war es ihr nun nicht mehr wichtig. Die Quelle des Ärgernisses war für sie zu einem Hinweis geworden, ihren Mann zu lieben.

# Wie man seine Zunge beherrschen lernt

Es gibt zwei Hauptgründe, warum eine Frau ihre Zunge falsch verwendet. Es kann sein, daß sie unbeabsichtigt einen Fehler macht oder daß sie ihre Zunge bewußt mißbraucht. Der Grund für das erstere ist Unwissenheit. Es mag ihr Wunsch sein zu helfen, doch stattdessen arbeitet sie gegen andere, indem sie nörgelt oder Klatsch weitergibt (womöglich in der Form von Gebetsanliegen). Aus dem Wunsch heraus, jemandem ihre Wertschätzung zu zeigen, weckt sie vielleicht durch Schmeichelei falsche Hoffnungen. Anstatt zu ermutigen oder zu trösten, redet sie vielleicht zu viel. Beim Versuch, die Lasten einer anderen zu tragen, kann sie unabsichtlich den Konflikt vergrößern, indem sie Klatsch zuhört.

Schwieriger zu lösen sind die Probleme, die durch Stolz hervorgerufen werden. Wer einen richtenden und eifersüchtigen Geist hat, ist anfällig dafür, Klatsch und Beschuldigungen aufzugreifen (Jak 3,16). Schmeichelei kommt häufig von einer Frau, die über andere bestimmen möchte. Ein selbstgerechtes Gefühl der Überlegenheit kann zu Nörgelei führen. Doch egal, wo die Wurzeln liegen, kann man durch eine Reihe von Schritten die Zunge beherrschen lernen.

## 1. Nennen sie die Sünde beim Namen

Stimmen Sie mit Gott überein, wenn „hilfreiche Kritik" in Wirklichkeit Nörgelei oder wenn ein „Gebetsanliegen" versteckter Klatsch ist. Bekennen Sie Gott, daß das Anhören von Klatsch negatives Denken fördert.

## 2. Denken Sie über die Folgen der Schuld nach

Klatsch und der dahinter verborgene Stolz sind zum Beispiel zwei der sieben abscheulichen Sünden (Spr 6,16-19). Gott geht so weit zu behaupten, daß ein stolzes Herz nicht geduldet werden wird. Wer seinen Nächsten verleumdet, wird bestraft werden (Ps 101,5).

## 3. Denken Sie über den Charakter Gottes nach

Der Blick auf Gottes Barmherzigkeit und Herzensgüte hilft, Klatsch zu verhindern. Die Erkenntnis seiner vollkommenen Gerechtigkeit hält uns davon ab, für eine Schwätzerin Partei zu ergreifen. Gottes Souveränität anzuerkennen, beseitigt ein Stück des Bedürfnisses zu nörgeln. Schmeichelei wird wahrscheinlich weniger eingesetzt werden, wenn man die vollkommene Wahrhaftigkeit Gottes betrachtet. Wenn wir mit dem Wort Gottes Zeit verbringen und uns auf die Eigenschaften Gottes und Wahrheiten über seinen Charakter konzentrieren, wird unser Reden wertvoller werden.

### 4. Bringen Sie Dinge nach Möglichkeit wieder in Ordnung

Eine Frau, deren Ruf gelitten hat, verdient eine Entschuldigung. Bei anderen, denen man Klatsch erzählt hat, sollte man falsche Vorstellungen korrigieren. Entschuldigen sollte man sich beim Ehemann oder den Kindern, über die man genörgelt hat, oder bei einer Freundin, die man zu Klatsch ermutigt hat.

### 5. Ergreifen Sie die Initiative durch gute Fragen

Lenken Sie Gespräche auf gewinnbringende Themen. Lebensziele, gute Bücher, die man gelesen hat, Gebetserhörungen oder auch persönliche Erlebnisberichte sind erbauliche Gesprächsgegenstände. Ältere Frauen können Sie um Rat in wichtigen Lebensbereichen fragen. Versuchen Sie, andere zu erbauen. Loben Sie, wann immer Sie dies von Herzen tun können. Seien Sie positiv. Entwickeln sie einen dankbaren Geist (Eph 5,4). Eine Abbruchfirma kann ein Haus binnen weniger Stunden niederreißen. Es aufzubauen dauert viel länger.

### 6. Bleiben sie aktiv

Müßiggang ist oft mit unpassendem Gerede verbunden. „Denn wir hören", sagt Paulus, „daß einige unter euch unordentlich wandeln, indem sie nicht arbeiten, sondern unnütze Dinge treiben" (2. Thess 3,11). Weiter warnt er: „Zugleich lernen sie auch, müßig in den Häusern umherzulaufen, nicht allein aber müßig, sondern auch geschwätzig und vorwitzig, indem sie reden, was sich nicht geziemt" (1. Tim 5,13). Fleiß, Kreativität und Einfallsreichtum helfen, den Problemen mit der Zunge zu widerstehen.

### 7. Lernen Sie Verse über siegreiches Reden auswendig

Eine Frau, die gerne anderen Frauen dienen möchte, könnte sich zum Beispiel auf Titus 2,3-5 berufen. Sie wird die Notwendigkeit erkennen, Klatsch zu widerstehen, will sie mit anderen wirkungsvoll arbeiten. Mit diesem Ziel vor Augen wird man angespornt sein, die Zunge zu beherrschen.

### 8. Entwickeln Sie eine intensive Stille Zeit

Die Beherrschung der Zunge wird nur dann vollkommen sein, wenn eine Frau „den Herrn jederzeit rühmen" kann. Die Zeit im Wort hilft, die eigenen „verborgenen Sünden" wie auch den Übermut aufzudecken. Erst wenn man die Schätze der Bibel höher schätzt als den Wert von feinem Gold, kann man sagen: „Ich bin rein von schwerem Vergehen. Laß die Reden meines Mundes und das Sinnen meines Herzens wohlgefällig vor dir sein, Herr, mein Fels und mein Erlöser!" (Psalm 19,12-14).

## Zusammenfassung

Menschen sind empfindlich. Eine kleine Bemerkung kann schmerzhaft sein oder großartig Auftrieb geben. „Tod und Leben sind in der Gewalt der Zunge, und wer sie liebt, wird ihre Frucht essen" (Spr 18,21). „Ermutigung ist mühsam", erklärt Charles R. Swindoll. „Bedenke: Sie besitzt die Fähigkeit, die Schultern eines Mannes oder einer Frau zu heben; den Funken eines Lächelns auf das Gesicht eines entmutigten Kindes zu zaubern; ja sogar im Leben einer anderen Person einem Tag, oder einer Woche oder dem ganzen Leben eine neue Richtung zu geben." [1]

---

[1] Charles R. Swindoll, Encourage Me: Caring Words for Heavy Hearts, 1982 (Multnomah Press, USA), Seite 85.

# Königin Esther – eine Frau mit Disziplin
*Studienblatt*

Die Königin Esther ist ein positives Vorbild für Selbstbeherrschung. Lesen Sie als Hintergrund die Kapitel 1 bis 7 des Buches Esther und beantworten Sie dann die folgenden Fragen.

1. Beschreiben Sie den König Ahasveros (Xerxes):

   Beschreiben Sie Esther (2,7.9):

2. Glauben Sie, daß ein Zusammenhang zwischen ihrer Reife, in der sie auf den klugen Rat hörte, und ihrer Selbstbeherrschung besteht? Erklären Sie (Esther 2,10.15.20).

3. In welcher Weise zeigte Esther Sieg über Selbstzufriedenheit (4,11 bis 17)?

4. Wie setzte sie ein Beispiel für Beherrschung der Zunge (5,1-8 und 7,1-6)?

5. Welche Handlungen bereitete Esther vor, um ihre Selbstbeherrschung sicherzustellen (5,1-8 und 7,1-6)?

6. Was waren die Früchte ihres Sieges? Wie half ihre Selbstbeherrschung anderen?

# Königin Esther – eine Frau mit Disziplin

*„Ihr vertraut das Herz ihres Mannes, und an Ausbeute wird es ihm nicht fehlen."* (Spr 31,11)

Sie heiratete einen grausamen, tyrannischen Mann, einen Chauvinisten mit bösartigem Charakter. Er hatte seine erste Frau schlecht behandelt und nun war seine Zuneigung auch zu ihr vergangen. Sie mußte eine dringende Bitte um seine Hilfe vor ihn bringen, aber würde sie dabei Erfolg haben?

Königin Esther, die Heldin des gleichnamigen Buches im Alten Testament, heiratete König Ahasveros, einen launischen Mann. Wegen eines kleinen Vergehens hatte er seine liebliche erste Königin Vasti verstoßen. Die schöne Esther nahm den Platz der entthronten Königin ein, denn „der König gewann Esther lieb, mehr als alle Frauen, und sie erlangte Gunst und Gnade vor ihm, mehr als all die anderen Jungfrauen" (2,17).

Ohne zu wissen, daß die Königin eine Jüdin war, veranlaßte Haman, ein scharfsinniger, skrupelloser und strebsamer Leiter im Hofstaat des Königs, einen Erlaß, daß alle Juden getötet werden sollten – Männer, Frauen und Kinder. Mordochai, der Cousin Esthers, der auch ihr Vormund war, drängte sie, für ihr Volk einzutreten. Doch Esther war in der Gunst des Königs schon gesunken (er hatte sie 30 Tage lang nicht mehr gerufen), und jeder, der den inneren Hof des Königs betrat, ohne gerufen zu sein, konnte sofort hingerichtet werden. Der Historiker Josephus schreibt, daß die Männer, die rund um den Thron des Königs standen, Äxte bereithielten, um jene zu bestrafen, die sich dem König näherten, ohne erbeten zu sein. Die einzige Hoffnung auf Gnade war gegeben, wenn der König sein goldenes Zepter entgegenstreckte. [1]

Mordechai führte Esther die Folgen vor Augen, falls sie untätig bliebe. Das Leben eines ganzen Volkes stand auf dem Spiel. Er fügte hinzu: „Wer erkennt, ob du nicht gerade für einen Zeitpunkt wie diesen zur Königswürde gelangt bist?" (4,14).

---

[1] Flavius Josephus, Jüdische Altertümer, XI, 6, 2.

# Esther als Vorbild für Selbstbeherrschung

In ihrer Stunde der Prüfung zeigte Esther in mehrerer Hinsicht, wie sie sich selbst fest in der Hand hatte.

### 1. Esther ließ sich nicht von fleischlichen Wünschen bestimmen

Nach der Aufforderung durch ihren Vormund handelte Esther weise, indem sie andere um Hilfe bat. „Geh hin, versammle alle Juden, die sich in Susa befinden! Und fastet um meinetwillen und eßt nicht und trinkt nicht drei Tage lang, Nacht und Tag!" Dann teilte sie ihren persönlichen Plan mit: „Auch ich selbst werde mit meinen Dienerinnen ebenso fasten. Und sodann will ich zum König hineingehen, obwohl es nicht nach dem Gesetz ist. Und wenn ich umkomme, so komme ich um!" (4,16). Aus Liebe zu ihrem Volk war sie bereit, ihr natürliches Bedürfnis nach Nahrung und Wasser zu beherrschen und in aufopfernder Weise ihr Leben zu riskieren.

### 2. Esther war nicht voreilig im Reden

Ein weiteres Beispiel für Selbstbeherrschung war ihr geduldiges Warten auf den richtigen Augenblick, um ihre Bitte vor den König zu bringen. Sie erschien unangemeldet vor Ahasveros. Nach einem Moment der Spannung empfing er seine Braut. Er hielt ihr nicht nur das goldene Zepter als Zeichen der Gunst entgegen, sondern antwortete auch wohlwollend: „Was ist dir, Königin Esther? Und was ist dein Begehren?" Er rief sie nicht nur bei ihrem Titel als Königin sondern auch mit ihrem Vornamen, was darauf hinweist, daß er in einer entgegenkommenden, bereitwilligen Stimmung war. Die meisten impulsiven Frauen würden diese Chance sofort ergreifen und ihr Anliegen vorbringen. Stattdessen lud sie ihn zusammen mit Haman zu einem Essen ein, das sie im Glauben bereits vorbereitet hatte. Vielleicht verspürte sie, daß es einer privaten Atmosphäre bedurfte.

An der Tafel wiederholte der König in der Gegenwart Hamans sein Angebot. In ihrer ruhigen und bestimmten Art lud Esther die beiden Staatsmänner zu einem zweiten Mahl am nächsten Tag ein. In Anbetracht der Dringlichkeit ihres Auftrages können wir ihre geistgeführte Selbstbeherrschung nur bewundern. Ihr Zögern mit der geheimen Bitte zeugt von außergewöhnlicher Weisheit. Die zusätzliche Zeit mit dem König trug dazu bei, daß sowohl seine Zuneigung wieder geweckt, als auch seine Neugierde angeregt wurde. Sie riskierte ihr Leben sicherlich aus einem wichtigen Grund, wird sich der König wahrscheinlich gedacht haben. Die zusätzlichen 24 Stunden brachten wichtige Ereignisse, die den Weg für die überwältigende Änderung des Geschehens ebneten: Haman wurde gedemütigt, Mordechai geehrt und das jüdische Volk gerettet.

## Esthers Prinzipien der Selbstbeherrschung

Anders als die zänkische Frau von jener Sorte, die mit einem tropfenden Dach verglichen wird (Spr 27,15), oder eine Frau voller Freßsucht war Esther in ihrem Reden und Handeln ein Vorbild für Selbstbeherrschung. Von ihrem Vorbild kann die Frau von heute hilfreiche Prinzipien lernen, wo auch immer ihre spezielle Schwäche liegt.

*1. Disziplin wächst durch Befolgung des Rates bewährter und gottesfürchtiger Leute*

Wenn wir unser Ich klugem Rat unterordnen, werden wir darauf vorbereitet, unseren Eigenwillen dem Willen Gottes unterzuordnen. Sogar nachdem sie Königin geworden war, „befolgte Esther Mordechais Befehl wie früher, als sie bei ihm unter seiner Vormundschaft lebte" (Esther 2,20). Anders als viele sture junge Frauen, suchte und respektierte Esther die Weisheit anderer. Durch ihren belehrbaren Geist gewann sie die Gunst Hegais (2,8-9). Als sie an die Reihe kam, dem König als mögliche Königin vorgestellt zu werden, „verlangte sie nichts, außer was der königliche Eunuch, Hegai, der Hüter der Frauen, ihr sagte. Und Esther erlangte Gunst in den Augen aller, die sie sahen" (2,15).

*2. Disziplin muß den von Gott geoffenbarten Absichten dienen*

Gott hat einen bestimmten Plan für das Volk Israel. Mordechai erinnerte Esther an die Verheißung für die Juden. Wenn sie sich weigerte, das Werkzeug zu sein, würde Gott dennoch sein Volk bewahren, aber das Haus ihres Vaters würde umkommen (4,14). Die Gewißheit, mit Gottes endgültigen Plänen übereinzustimmen, verlieh ihr einen göttlichen Mut, als sie ihn brauchte.

*3. Disziplin wird durch eifriges Gebet gestärkt*

Esther erkannte ihre eigene Unfähigkeit, dem schwierigen König gegenüberzutreten. Sie brauchte die Bevollmächtigung von Gott und die Gebetsunterstützung von anderen (4,16).

### 4. Disziplin wird durch vorausschauendes Planen gefördert

Esther plante das Mahl, bevor sie ihrem königlichen Gemahl gegenübertrat (5,4). Diese Handlung half ihr, der natürlichen Versuchung zu widerstehen, mit allem herauszuplatzen, bevor er bereit war, auf ihre Bitte einzugehen. Sie plante voraus, um Erfolg zu haben.

### 5. Disziplin kann nicht verordnet werden, sondern muß vom Geist bewirkt sein

Christen leben nicht unter dem Gesetz sondern unter der Gnade. Viele Gebiete können anderen nicht vorgeschrieben werden. Esther wurde vom Geist in ihren besonderen Umständen geführt und zögerte die Begegnung mit dem König hinaus. In diesen Bereichen müssen die persönlichen Überzeugungen für das Handeln aus der individuellen Führung des Heiligen Geistes hervorgehen.

Esther verhinderte heldenhaft den Massenmord an ihrem Volk. Die Früchte ihrer Disziplin kamen ihrer Familie und ihren Freunden zugute. Tausende Jahre später gedenken die Juden heute noch immer ihrer Großtat bei der jährlichen Feier des Purimfestes.

# Disziplin erlangen

*Studienblatt*

1. Definieren Sie Disziplin. Gal 5,22-25 kann Ihnen dabei helfen.

2. Der Vers in Titus 2,3 unterweist eine reife christliche Frau, keine Sklavin von Dingen wie Wein zu sein. Warum ist Disziplin eine Voraussetzung, um andere zu lehren?

3. Obwohl Wein an sich nicht notwendigerweise schlecht ist (Psalm 104,15; 1. Tim 5,23), bildet die Abhängigkeit von Wein ein Beispiel für den Verlust von Disziplin. Aus welchen Gründen sollte man übermäßiges Trinken vermeiden? (Sprüche 23,20-21; Sprüche 23,29-35; Jesaja 28,7; Phillipper 3,18-19; 1. Petrus 4,7)

Können Sie andere Gebiete nennen, die das Leben einer Frau versklaven können?

4. Was sollte letztlich die Motivation eines Christen für Selbstbeherr-schung sein? (Röm 13,11-14; 14,21; 1. Kor 10,31; 2. Kor 5,9)

5. Vergleichen Sie die Verse Sprüche 24,13 und Sprüche 25,16.27 und erklären Sie, in welcher Weise Dinge, die an und für sich gut sind, durch Mißbrauch schlecht werden.

6. Wählen Sie ein Gebiet Ihres Lebens aus, auf dem Sie mehr geistliche Disziplin wünschen. Nennen Sie zwei oder mehr konkrete realistische Handlungen, die Ihnen helfen werden, dieses Ziel zu erreichen.

Angestrebtes Ziel:

Notwendige Schritte:

# Disziplin erlangen

*„Ebenso die alten Frauen ... nicht Sklavinnen von vielem Wein ... damit sie die jungen Frauen unterweisen, ... besonnen zu sein.“* (Tit 2,3-5)

Terry hatte 30 Kilogramm Übergewicht, sie war unglücklich, zornig und gebunden. Sie litt darunter, daß sie so dick war, aber sie machte weiter mit Essen und Freßgelagen, bis ...

Jane versuchte aufzuhören, ihre Kinder anzuschreien. Sie wußte, daß ihr zorniger Ton auf sie feindselig wirkte, aber sie konnte ihre Zunge nicht beherrschen, bis ...

Marsha kämpfte mit Schuldgefühlen, Scham und Gewissensbissen, aber sie war so einsam, so ausgehungert nach Zuneigung, daß sie ihre unmoralische Beziehung nicht lösen konnte, bis ... sie das Geheimnis der Selbstdisziplin kennenlernte.

Viele Frauen wie diese sind Sklaven der Sünde und können in die Klage des Paulus einstimmen: „Denn das Wollen ist bei mir vorhanden, aber das Vollbringen des Guten nicht. Denn das Gute, das ich will, übe ich nicht aus, sondern das Böse, das ich nicht will, das tue ich“ (Röm 7,18b.19). Doch Paulus erkennt, daß Befreiung von den fleischlichen Wünschen möglich ist (Röm 7,24.25). Später nennt Paulus diese übernatürliche Selbstbeherrschung als Eigenschaft einer Frau, die andere lehren möchte (Titus 2,3-5).

## Definition von Disziplin

Disziplin ist die Fähigkeit, nein zu sagen, Handlungen zu mäßigen, zur rechten Zeit aufzuhören, Annehmlichkeiten, Vorlieben und Triebe in Grenzen zu halten, indem man nach einem gesunden Urteilsvermögen und einem Gewissen handelt, das vom Heiligen Geist erleuchtet ist. Im Katalog der vom Geist bewirkten Frucht in Galater 5,22-23 ist Selbstbeherrschung eine der neun aufgezählten Tugenden. Das Gegenteil von geistlicher Selbstbeherrschung zeigt sich in Dingen wie Unreinheit, Ausschweifung, Zornausbrüchen, Trinkgelagen und dergleichen (Gal 5,19-21). Da Christus das Fleisch gekreuzigt hat, kann ein Christ in Freiheit die Führung Gottes in Anspruch nehmen, anstatt mit fleischlicher Kraft überwinden zu müssen.

## 1. Wo man Disziplin braucht

Obwohl das Wort oft besonders mit der Mäßigung oder Enthaltsamkeit von Alkohol in Zusammenhang gebracht wird, ist Selbstbeherrschung doch ein umfassender Begriff. Was auch immer mit einem vernünftigen und geistgeleiteten Leben im Widerspruch steht, ist eine Bedrohung der persönlichen Selbstbeherrschung. Die abhängig machenden Artikel unserer Zeit, wie Drogen, Beruhigungsmittel oder Zigaretten, haben vielfach dieselben Auswirkungen wie die Abhängigkeit von Wein. In einem geringeren Ausmaß haben Dinge wie Koffein oder raffinierter Zucker eine ähnliche süchtigmachende Wirkung, von der viele übermannt sind. Andere Bereiche, die man im Griff haben muß, sind Geld, Gespräche, Gefühle, Gedanken, Essen, Zeiteinteilung, Freundschaften, Sexualität oder Freizeitaktivitäten.

## 2. Wie man Disziplin überprüfen kann

Eine Handlung kann man beispielsweise einschätzen, indem man sich fragt: „Wer leitet mich, der Heilige Geist oder mein Fleisch?" (1. Kor 6,12). „Stehen die beiden in einem Streit? Was wird dabei herauskommen? Baut es auf oder zerstört es?" (1. Kor 10,23). „Bin ich gebunden? Beeinträchtigt diese Aktivität mein Empfindungsvermögen?" Wenn das Fleisch die Zügel in der Hand hat, wird der Körper befleckt werden. „Denn die, welche nach dem Fleisch sind, sinnen auf das, was des Fleisches ist; die aber, die nach dem Geist sind, auf das, was des Geistes ist. Denn die Gesinnung des Fleisches ist Tod, die Gesinnung des Geistes aber Leben und Frieden; weil die Gesinnung des Fleisches Feindschaft gegen Gott ist, denn sie ist dem Gesetz Gottes nicht untertan, sie kann das auch nicht. Die aber, die im Fleisch sind, können Gott nicht gefallen" (Röm 8,5-8).

In Bereichen, wo die Bibel keine eindeutige Grenze festlegt, muß jeder seine eigene Überzeugung gewinnen. So gebietet die Bibel zum Beispiel keine völlige Enthaltsamkeit von Wein. Zurückhaltung wird gefordert, aber allgemeine Abstinenz, obgleich sie empfohlen wird (Spr 31,4.5), ist nicht ausdrücklich verlangt (Spr 31,6).

Essen ist ein weiteres Gebiet der persönlichen Freiheit. Nahrungsmittel sind von Gott geschaffen und lebensnotwendig, doch man kann entweder Nahrung von schlechter Qualität oder im Übermaß essen, wodurch die lebensspendende zu einer lebensverderbenden Aktivität wird. Honig, ein gesundes Lebensmittel, wenn mit Maß genossen, ist eine ausgezeichnete Illustration dafür, wie etwas Gutes mißbraucht werden kann. „Iß Honig, mein Sohn", riet König Salomo, „denn er ist gut, und Honigseim ist deinem Gaumen süß" (Spr 24,13). Aber er warnt: „Hast du Honig gefunden, iß nur deinen Bedarf, damit du ihn nicht satt wirst und ihn ausspeist! ... zuviel Honig essen, ist nicht gut!" (Spr 25,16.27).

Selbstbeherrschung sollte vom Heiligen Geist sorgfältig überwacht werden. „Glückselig, wer sich selbst nicht richtet in dem, was er gutheißt! Wer aber zweifelt, wenn er ißt, der ist verurteilt, weil er es nicht aus Glauben tut. Alles aber, was nicht aus Glauben ist, ist Sünde" (Röm 14,22b-23).

## Die Früchte der Disziplin

Disziplin bewirkt langfristigen Gewinn, aber Mangel an Beherrschung führt zu Reue. Das Beispiel Esaus wird in der Schrift als Warnung hingestellt. Für ein Linsengericht verkaufte er sein Erstgeburtsrecht, doch später bedauerte er unter Schmerzen diese impulsive Entscheidung (Hebr 12,16.17).

*1. Disziplin führt zu persönlicher Freiheit*

Der Mangel an Beherrschung in einem bestimmten Bereich führt meist zu Verlust, während Disziplin echte Erfüllung ermöglicht. Betrachten Sie bestimmte Problemgebiete:

a) **Geld:** Kontrolle über die Ausgaben sorgt für finanzielle Freiheit, aber mangelnde Kontrolle bedeutet Sklaverei: „Sklave ist der Schuldner seinem Gläubiger" (Spr 22,7).

b) **Gefühle:** Menschen, die ihr Gemüt beherrschen, erleben Frieden, doch wer von starken Gefühlsausbrüchen bestimmt wird, stellt seinem Leben eine Falle (Spr 22,24.25).

c) **Gespräche:** Die Frau, die nicht alles erzählen muß, was sie weiß, bewahrt ihre Seele vor Nöten (Spr 21,23).

d) **Sexualität:** Eine sittsame Frau bewahrt sich selbst vor vielen Schmerzen. Die Frau, die sexuelle Sünden begeht, zerstört sich selbst. In diesem Leben wird ihre Schmach nicht mehr ausgelöscht (Spr 6,32.33).

e) **Essen und Trinken:** Die Frau, die ihre Eß- und Trinkgewohnheiten zügeln kann, fördert ihre Gesundheit und steigert ihre Lebenskraft. Sie hat ein besseres Gefühl sich selbst und Gott gegenüber. Dagegen kann die Abhängigkeit von Dingen wie Wein ein allesvernichtender, zerstörerischer Trieb werden (Jes 5,11-13a).

## 2. Disziplin in einem Bereich befähigt zu Disziplin in anderen Bereichen

Übermäßiger Genuß von Wein beeinflußt etwa viele Aspekte des Lebens. Die dem Wein ergebene Frau vernachlässigt vielleicht ihre Familie oder ist empfänglicher für Unsittlichkeit. Sie neigt wahrscheinlich mehr zu Gemütsausbrüchen (Röm 13,13) und ihre finanzielle Unabhängigkeit wird aufs Spiel gesetzt (Spr 21,17). Das schlimmste dabei ist, daß der Herr an den Rand geschoben wird (Hosea 7,14).

Die verschiedensten Probleme können aus der Bindung durch Süchte entstehen (Spr 23,29-35). Die mangelnde Zurückhaltung beim Essen machte den alttestamentlichen Priester Eli unfähig, seine Söhne ordentlich zu erziehen. Nach dem Vorbild der Völlerei ihres Vaters (1. Sam 2,29) verfielen sie der Sittenlosigkeit (1. Sam 2,22). Der Herr richtete das Haus Elis für ewig „um der Schuld willen, denn er hat erkannt, daß seine Söhne sich den Fluch zuzogen, aber er hat ihnen nicht gewehrt" (1. Sam 3,13).

## 3. Disziplin hilft bei Entscheidungen

Versklavung unter fleischliche Wünsche verwirrt unser Denken. Alkohol ist der Grund, daß „sie wanken beim Weissagen, torkeln beim Rechtsprechen" (Jes 28,7). „Ein Spötter ist der Wein, ein Lärmer der Rauschtrank, und jeder, der davon taumelt, ist unweise" (Spr 20,1).

Der Heilige Geist zeigt, daß Selbstbeherrschung eine notwendige Eigenschaft für jemanden ist, der andere lehrt (1. Tim 3,3.8.11). Anstatt von menschlichen Wünschen beherrscht zu sein, sollte der Wille Gottes das Hauptanliegen der lehrenden Frau (Titus 2) sein. Mit klarem Verstand kann sie beten und anderen dienen (1. Petr 4,2.3.7).

# Wie man Disziplin erlangt

## 1. Betrachten Sie Versuchungen mit den Augen Gottes

Vertrauen Sie, daß Gott unser Bestes will. Schauen Sie auf Bewahrungen anstatt auf versäumtes Vergnügen. Neva Coyle, die Begründerin einer Kampagne gegen Übergewicht, erklärt zum Beispiel, wie sie aufhörte, gewisse Nahrungsmittel als Belohnung zu betrachten. „Dinge wie Konfekt und Eiscreme", rief sie aus, „sind keine Freunde von mir. Sie sind auch keine Gaumenfreude (*treats*), das sage ich Ihnen! Sie sind Feinde. Ich betrachte Kuchen und Kekse auch nicht als Erfrischungen. Und zwar, weil ich einmal 124 Kilogramm hatte. Diese Nahrungsmittel sind Bedrohungen (*threats*) für meine Gesundheit und mein Wohlbefinden. Ich habe mich entschieden, festzubleiben und mich nicht wieder von diesen ‚Erfrischungen' und Gaumenfreuden unterjochen zu lassen. Mein Genuß sind jetzt gesunde, lebensspendende Nahrungsmittel, jene Art, die mein Körper liebt." [1]

## 2. Vermeiden Sie Versklavung durch selbstgemachte Gesetze

Stellen Sie keine Listen mit Regeln auf, die unmöglich eingehalten werden können. Selbstgemachte Religionen, Selbsterniedrigung oder strenge Behandlung des Körpers bringen keinen Sieg über die fleischlichen Schwächen (Kol 2,20-23). Unser Augenmerk sollte dem Herrn der Herrlichkeit gelten (Kol 3,1ff).

## 3. Entwickeln Sie ein geistliches Motiv zu siegen

Das kraftvollste Motiv für ein weises Leben ist der Wunsch, Gott zu gefallen. Terry merkte, daß der Wunsch, gut auszusehen, kein ausreichend starkes Motiv war, ihre Eßlust zu besiegen. Sie erkannte, daß Egoismus hinter ihrer Schlemmerei stand. Selbstzufriedenheit auf einem Gebiet (Lob für eine gute Figur) war nicht stark genug, um ein anderes fleischliches Verlangen zu unterdrücken (den Drang zu essen). Sie stellte fest, daß ihr zwanghaftes Essen von einem geistlichen Problem herrührte. Sie hatte Nahrung als Quelle der Bedürfnisbefriedigung betrachtet – als Ventil für Zorn, Frustration und Eifersucht.

Erst als sich ihre Motive änderten, konnte sie ihr Idealgewicht erreichen. Sie lernte, die Erfüllung ihrer Bedürfnisse bei Gott zu suchen und nahm die Verheißung in Anspruch: „Habe deine Lust am HERRN, so wird er dir geben, was dein Herz begehrt" (Ps 37,5). Mit dem Motiv, Ihm zu gefallen, lernte sie, sich die Nahrung zunutze zu machen, anstatt sich davon benutzen zu lassen. Sie verlor nicht nur 30 Kilogramm und hielt auch dieses Gewicht, sondern lernte auch, selbstsüchtige Triebe zu beherrschen. Auch ihre Beziehungen zu anderen Menschen verbesserten sich gewaltig.

Die rechte Motivation für ein weises Leben ist der Wunsch, Gott zu gefallen. Christen werden mit Soldaten und Sportlern verglichen, die ihre Kräfte

---

[1] Marie Chapian, Free To Be Thin, 1979, Minneapolis, Minnesota, USA (Bethany House Publishers), Seite 155.

dafür einsetzen, für den Kampf fit zu bleiben. In Phillipper 3,14 spricht Paulus davon, hin auf das Ziel zu jagen, um den Preis zu gewinnen, gleich einer berühmten Sprinterin, die all ihre Kräfte einsetzt, um den Lauf zu gewinnen. Er fordert die Christen auf, seinem Beispiel der völligen Hingabe an den Herrn zu folgen, anstatt jene nachzuahmen, deren Ende das Verderben, deren Gott der Bauch und deren Ehre in ihrer Schande ist (Phil 3,19).

### 4. Treffen sie keine Vorsorge für das Fleisch

Wer nach Disziplin strebt, sollte sich fest vornehmen, der Versuchung auf besonders heiklen Gebieten zu widerstehen. Eine Frau, die zu übermäßigem Trinken neigt, sollte nicht ihre Vorratskammer mit Wein anfüllen. Eine Schlemmerin sollte vielleicht essen, bevor sie Lebensmittel einkaufen geht. Diejenige, welche ihr Geld verschwenderisch ausgibt, wird besser ihre Kreditkarten zerstören oder stornieren und lernen, mindestens einen ganzen Tag zu beten, bevor sie einen ungeplanten Kauf tätigt. Eine Frau, die für sexuelle Versuchungen anfällig ist, muß vorsichtig sein, was sie liest. Eine Frau, die vom Fernseher oder einem anderen Zeitverschwender hypnotisiert ist, wird ihr Gerät am besten verkaufen und danach streben, in anderen Bereichen zu wachsen.

### 5. Füllen Sie die Leere mit guten Dingen auf

Gebet und Bibelstudium können ein geistliches „Hoch" erzeugen, von dem man keinen Kater bekommt. Eine Frau, die aus einem lebenslangen Kampf als Siegerin hervorging, führte einen Großteil ihrer Kraft für den Sieg auf eifriges Gebet und Auswendiglernen von Bibelversen zurück. Sie befolgte wortgetreu den biblischen Rat aus Epheser 5,17-18: „Darum seid nicht töricht, sondern versteht, was der Wille des Herrn ist. Und berauscht euch nicht mit Wein, worin Ausschweifung ist, sondern werdet voll Geist."

### 6. Legen Sie Ziele und notwendige Schritte fest

Greifbare Ziele wie das Erreichen des Idealgewichtes benötigen überprüfbare Schritte, mit denen wir das Ziel erreichen können. Beispiele:

(1) Angestrebtes Ziel:
Gewichtsabnahme/Wiedererlangen des Normalgewichtes.

Notwendige Schritte:
a) Vermeiden Sie alle denaturierten Nahrungsmittel mit wertlosen Kalorien.

b) Beginnen Sie mit Bewegungstraining an der frischen Luft, um unerwünschtes Fett abzubauen.

c) Lesen Sie im Wort Gottes, wenn Sie versucht sind, zu viel zu essen.

d) Sagen Sie nein, wenn gutmeinende Freundinnen darauf drängen, daß eine kleine Ausnahme Ihrer Diät nicht schadet.

(2) Angestrebtes Ziel:
Sieg über die Versuchung, die Kinder anzuschreien.

Notwendige Schritte:
a) Verbringen Sie täglich eine bestimmte Zeit im Gebet für jedes Kind.

b) Lehren Sie sofortigen Gehorsam anstelle von Gehorsam erst nach lauten Drohungen.

c) Achten Sie auf eine Ernährung mit genügend Kalzium, Magnesium und Vitamin B für starke Nerven.

d) Überprüfen Sie Ihren Zeitplan, um für ausreichenden Schlaf und gelegentliche Pausen ohne Kinder zu sorgen.

(3) Angestrebtes Ziel:
Ein reines Gedankenleben.

Notwendige Schritte:
a) Überprüfen Sie, was Sie lesen und anschauen; ersetzen Sie Material, das Unreinheit gutheißt, mit erbauenden Dingen.

b) Streichen Sie einige der zu üppigen Nahrungsmittel aus Ihrem Speiseplan; fleischliches Schwelgen auf einem Gebiet löst Disziplinlosigkeit in anderen Gebieten aus.

c) Studieren Sie Verse in der Bibel über Gottes Liebe zu Ihnen und Ihre Vollkommenheit in Ihm. Lernen Sie die Verse in Psalm 73,25 und Jesaja 40,11 auswendig.

d) Lenken Sie Ihre Kraft auf konstruktive Projekte. Bieten Sie einer Frau mit kleinen Kindern Ihre Hilfe an.

# Zusammenfassung

Eine Frau, die ihrem Geist keine Schranke setzt, oder – mit anderen Worten – eine Frau ohne Selbstbeherrschung ist wie eine aufgebrochene Stadt ohne Mauer (Spr 25,28). Im Gegensatz dazu weiß die Frau, die die Frucht der Selbstbeherrschung entwickelt hat, daß ihr Körper nicht ihr selbst gehört, sondern ein Tempel des Heiligen Geistes ist. Sie sehnt sich danach, den Einen zu ehren, der für sie gestorben ist, indem sie den Herrn mit ihrem Leib und in ihrem Geist, die beide Gott gehören, verherrlicht (1. Kor 6,19.20). Diese vorzügliche Frau hat das Prinzip aus 1. Korinther 10,31 zu ihrem Lebensmotto gemacht: „Ob ihr nun eßt oder trinkt oder sonst etwas tut, tut alles zur Ehre Gottes."

# Eva: eine Frau,
# die ein schlechtes Beispiel gab

*Studienblatt*

1. Lesen Sie 1. Mose 1,27-28; 2,15-25; 3,1-24 als Hintergrund für die folgenden Fragen. Beschreiben Sie Eva (vor dem Sündenfall) in ihrer Beziehung zu Gott, zu Adam und ihrem Zuhause.

   Gab es bei der Schöpfung einen Unterschied in den von Gott zugeteilten Rollen? Erklären Sie.

2. Warum wurde Adam, obwohl Eva zuerst sündigte, dafür verantwortlich gemacht, daß die Sünde in die Welt kam (1. Mose 3,9; Röm 5,12; 1. Kor 15,21.22)?

   Was war der Unterschied zwischen dem ursprünglichen Gebot, das Adam gegeben wurde (1. Mose 2,16-17), und Evas Verständnis des Gebotes (1. Mose 3,2-3)? Inwiefern sündigte Adam?

3. Was war die Folge davon, daß die Sünde in die Welt kam:

   – für die Frau (1. Mose 3,16)

   – für den Mann (1. Mose 3,17-19)

   Wie wirkte sich der Fluch auf die verschiedenen Rollen aus?

4. Wenn eine Frau von Gott dafür vorgesehen war, unter der schützenden Führung ihres Mannes zu stehen, wie wurde dann die Herrschaft eines Mannes über sie zum Fluch?

5. Beschränken sich die Schmerzen des Kindergebärens nur auf die Wehen bei der Entbindung? In welcher Hinsicht wäre Mutterschaft noch anders, gäbe es die sündhafte Natur nicht?

6. Wie wirkt sich Ihr Vorbild auf jene aus, von denen Sie geleitet werden? Wie auf andere Frauen, die Ihr Leben beobachten?

# Eva: eine Frau,
# die ein schlechtes Beispiel gab

*„Ihr Mann ist bekannt in den Toren, wenn er Sitzung hält mit den Ältesten des Landes."* (Spr 31,33)

Sie hatte alles: Ein herrliches Heim in einem malerischen Garten gelegen, ein schönes Aussehen (perfekte Proportionen und frische, junge Haut wie die eines Babys) und einen starken, intelligenten, stattlichen, geistlich gesinnten Ehemann, der sie innig liebte.

Was können wir vom Beispiel der ersten Frau lernen? Trug sie wie die Frau in Sprüche 31 dazu bei, die Leitungsfähigkeiten ihres Mannes zu stärken? Zeigte sie wie im Titus 2-Modell, wie man einen Partner lieben soll? Verbesserte sie die Welt zum Nutzen derer, die nachkommen würden? Die Schlange (Satan in Verkleidung) betrog Eva. Er bot ihr eine „Verbesserung" des Planes Gottes an, und wir alle haben seither darunter zu leiden.

Am Anfang schuf Gott Adam und Eva. Er nannte sie „Mensch". Sowohl Mann als auch Frau teilen das Bild Gottes. Kein Unterschied im Wert trennt die beiden, er schuf sie gleichwertig. Als Ehemann und Ehefrau zusammen gelten sie als ein Fleisch und ein Leib. Obwohl Gott Adam und Eva der Art nach als gleich schuf, bildete er die zwei Geschlechter für bestimmte Aufgaben und Rollen. Der Herr schuf Adam zuerst und gab ihm die praktische und geistliche Aufsicht: „Und Gott, der HERR, nahm den Menschen und setzte ihn in den Garten Eden, ihn zu bebauen und ihn zu bewahren. Und Gott, der HERR, gebot dem Menschen und sprach: Von jedem Baum des Gartens darfst du essen; aber vom Baum der Erkenntnis des Guten und Bösen, davon darfst du nicht essen; denn an dem Tag, da du davon ißt, mußt du sterben!" „Und Gott, der HERR, sprach: Es ist nicht gut, daß der Mensch allein sei ..." (1. Mose 2,15-18a).

Gott gab dem Menschen die Herrschaft über die Tiere und er forderte Adam auf, allem Vieh und den Vögeln des Himmels und allen Tieren des Feldes Namen zu geben (1. Mo 2,20). Dann schuf Gott Eva als Helferin, Gefährtin und zum Ermutigen für Adam. Sie sollte den Mann ergänzen und ihm helfen, seine gottgegebene Rolle physisch, intellektuell, emotionell und geistlich zu erfüllen. Gemeinsam würden sie die Erde füllen und sie sich untertan machen.

Eva, die erste Feministin, verließ ihre Schutzzone und entriß dem Mann die Autorität. Adam wiederum wurde von Gefühlen für seine Frau hin- und hergerissen und gab seine Führungsrolle auf. Dies wirkte sich sofort auf ihre wichtigen Aufgaben aus. Die Rolle Evas als Mutter und Ehefrau sowie Adams Rolle als Leiter und Versorger sollten schwierig werden.

## Die Folgen des Sündenfalls

*1. Vermehrtes Leid in der Schwangerschaft*

Zur Frau sagte Gott: „Ich werde sehr vermehren die Mühsal deiner Schwangerschaft; mit Schmerzen sollst du Kinder gebären" (1. Mose 3,16a). Die Schwierigkeiten der Mutterschaft sollten über die physischen Schmerzen am Tag der Entbindung eines Kindes hinausgehen. Die Frau würde mit den Auswirkungen der Sünde auf ihre Kinder in Auflehnung, Krankheit oder Tod kämpfen. Die potentielle Freude der Mutterschaft würde mit dem Sündenfall behaftet sein.

*2. Falsches Verlangen der Frau, über den Mann zu herrschen*

Der Fluch lautete: „Nach deinem Mann wird dein Verlangen sein, er aber wird über dich herrschen" (1. Mose 3,16b). Das Wort ‚verlangen' bedeutet hier ‚beherrschen' oder ‚überwältigen' wie in 1. Mose 4,7, wo die Sünde Kain besitzen und beherrschen wollte. Nach dem Sündenfall kämpfte die Frau mit zwei Naturen, mit dem gottgegebenen Bedürfnis, den Mann zu achten und sich ihm unterzuordnen, und einer damit widerstreitenden, rebellischen und überheblichen Natur, die ihr das Verlangen gibt, seine Autorität an sich zu reißen. Die zwei gegensätzlichen Kräfte können eine Frau dazu bringen, daß sie darum kämpft, die Zügel in der Ehe in der Hand zu haben, den Mann aber dann haßt, wenn er sie ihr überläßt.

*3. Ein sündhafter Mann leitet eine sündhafte Frau*

„Er, der Mann, aber wird über dich herrschen" (1. Mose 3,16b). Der Fluch für Eva war nicht Unterordnung, da der Mann als Haupt bereits bei der Schöpfung eingesetzt wurde. Der Fluch lag darin, daß ein gefallener Mann über sie herrschen würde. Als gefallener Leiter würde er jetzt Fehler machen. Er würde nicht mehr in vollkommener Weise leiten. Anstatt im Herzen um ihr bestes Wohl besorgt zu sein und liebevoll und fürsorglich für ihre Bedürfnisse mehr als für seine eigenen zu sorgen, würde seine Leitung mit Egoismus und Selbstherrlichkeit oder der falschen Vorstellung behaftet sein, daß er besser wäre als die Frau.

### 4. Mühsal beim Bebauen des Landes

Der Fluch für den Mann war nicht die Arbeit an sich, denn bei der Schöpfung hatte Gott ihm die Aufgabe gegeben, sich die Erde untertan zu machen und den Garten zu bebauen (1. Mose 2,15). Der Fluch war die größere Mühe beim Bearbeiten des erhärteten, von Dornen bewachsenen Bodens. Ernährer der Familie zu sein, würde nicht die ungetrübte Freude bringen, wie sie vor dem Sündenfall möglich war (1. Mose 3,17-18).

### 5. Körperlicher und geistlicher Tod

Der Mensch war vorgewarnt worden, daß Sünde den Tod zur Folge haben würde (1. Mose 2,17). Gott mußte das Urteil aussprechen: „Staub bist du und zum Staub wirst du zurückkehren" (3,19). Als geistlicher Leiter und erster, der mit vollem Bewußtsein sündigte (1. Tim 2,13-14), gab Adam seine sündhafte Natur an alle seine Nachkommen weiter (Röm 5,12-19).

## Die Förderung der Leitung des Mannes als Not von heute

Die Schöpfungsszene erklärt, warum Gott der Frau gebietet, nicht zu lehren oder die Autorität über den Mann zu ergreifen (1. Tim 2,11-14). Zwei Punkte werden erwähnt: Der erste handelt von der Ordnung der Schöpfung, der zweite von dem Unterschied im Wesen. Die Frau kann leicht betrogen werden.

Eva ist ein Beispiel für die Anfälligkeit der Frau für Täuschung. Die Schlange täuschte Eva und nützte ihre ungenaue Kenntnis des Wortes Gottes aus. Der Herr hatte Adam geboten: „Von jedem Baum des Gartens darfst du essen; aber vom Baum der Erkenntnis des Guten und Bösen, davon darfst du nicht essen; denn an dem Tag, da du davon ißt, mußt du sterben!" (1. Mose 2,16-17).

Evas Verständnis des Gebotes war in dreifacher Weise ungenau. Erstens schwächte sie die Güte seines Segens ab. Gott hatte angeboten „du darfst essen", Eva sagte einfach nur „wir essen" (1. Mose 3,2). Zweitens verschärfte sie das Verbot. Dem Gebot, nicht von der verbotenen Frucht zu essen, fügte sie als weitere Einschränkung hinzu „und sollt sie nicht berühren" (1. Mo 3,3). Und schließlich bagatellisierte sie die Bestrafung. Sie machte die von Gott angekündigte Strafe zu einer bloß wahrscheinlichen Folge. Eva zitierte die Warnung Gottes im Sinne von „damit ihr nicht sterbt!" (1. Mo 3,3) anstelle des nachdrücklichen „du mußt sterben" (2,17). Sie wurde dazu verführt, die Güte Gottes und die Strafe für Sünde anzuzweifeln.

## Was ist mit den Ausnahmen?

Manche sagen, daß die Bibel nicht dagegen ist, wenn in der Gemeinde Männer von Frauen geleitet werden. Sie nehmen Debora als Beispiel. Die Zeit der Richter war jedoch kein Maßstab. Diese Tage waren davon gekennzeichnet, daß jeder tat, was in seinen Augen richtig war (Richter 17,6; 21,25), eine Zeit der nationalen Schwäche und des Niederganges. Die Bibel sagt, Debora „war Richterin in Israel" (Ri 4,4), aber sie richtete nicht im Tempel. Es gab keinen Mann, der führte. Die Leute kamen zu ihr unter eine Palme. Die Bibel spricht davon, daß Gott sie berief, wie es bei den anderen Richtern heißt (Richter 3,9.15; 6,11-14; 10,15; 11,10; 13,2-5).

Gott berief Barak, um das Heer des Königs Jabin zu schlagen, und er verhieß ihm den Sieg. Doch Barak, ein Beispiel für die schwachen Männer jener Tage, wollte nicht gehen, wenn Debora ihn nicht begleitete (Ri 3,7-8). Debora warnte ihn davor, daß er die Ehre, die ihm zukommen sollte, einer Frau überlassen müßte, wenn sie mit ihm ginge (Ri 4,9). Und genau nach ihrer Vorhersage brachte seine Schwachheit Schande. Eine Frau tötete den feindlichen König. Aber Barak kämpfte eifrig in der Schlacht. An anderen Stellen in der Schrift wird Barak (manchmal Bedan genannt) und nicht Debora dafür gepriesen, das Volk Israel zum Sieg geführt zu haben (1. Sam 12,9-11; Hebr 11,32). Vielleicht lag Deboras größter Erfolg darin, einen von Gott ernannten Führer ermutigt zu haben, anstatt sich selbst zu erhöhen.

Jesaja spricht in negativer Weise von Menschen, die von Kindern unterdrückt und von Frauen regiert werden (Jes 3,11-12). Gott kann Segen schenken und hat es auch getan, wenn Frauen in Diensten Männern vorstehen, doch um wieviel mehr würde er segnen, wenn seine Richtlinien noch genauer befolgt würden!

Manche Gemeinden sehen in der Unterstützung männlicher Leiterschaft fälschlicherweise eine Unterdrückung der Frauen. Dieser Gedankengang scheint eher aus dem modernen Feminismus und den Frauen-Befreiungsbewegungen zu kommen als aus der Bibel. Im Endeffekt wird jeder der Verlierer sein, wenn Frauen die Leitung übernehmen.

Die Geschichte hat gezeigt, daß sich die Männer meist zurückziehen, wenn Frauen in der Gemeinde zu wetteifern beginnen. Lyle Schaller erklärt, was in liberalen Gemeinden geschehen ist, wo Frauen überheblich wurden: „In Versammlungen, in denen es seit langem Tradition ist, Frauen zu allen Leitungsaufgaben zuzulassen, haben sich die männlichen Leiter nicht nur von allen Leitungsrollen zurückgezogen sondern von jeglicher aktiver Mitarbeit in der Versammlung." [1)]

Wenn Männer die wichtigsten Leitungspositionen in der Familie und in der Gemeinde einnehmen, bleibt den Frauen noch immer mehr zu tun, als sie überhaupt erledigen können. Wenn den Männern zugestanden wird, die leitende Verantwortung zu tragen (1. Tim 2, 11-12), sind die Frauen frei, sich auf jene Dinge zu konzentrieren, für die sie am meisten begabt sind.

## Zusammenfassung

Frauen ringen heute immer noch darum, Autorität über die Männer zu erlangen und mit ihnen um die Wette zu eifern. Manchmal gelingt es ihnen wie Eva: Die Männer verzichten wie Adam in passiver Haltung auf ihre Führungsrolle. Doch obwohl sie sich teilweise über den Triumph freuen, empfinden solche Frauen im Innersten eine Abscheu für die Männer, die ihnen die Leitung überlassen haben. Von einer herrischen, dominierenden Frau erzählt man, daß sie ihren Mann schalt: „Warum kannst du nicht ein Mann sein?" Sie hätte gut daran getan, sich selbst zu fragen: „Wie habe ich seine Leitung gefördert?"

In der Erinnerung an Eva denkt man daran, wie sie ihren Mann verführte und seine Führungsrolle zerstörte. Im Gegensatz dazu entdeckten das Titus 2-Modell und die Frau in Sprüche 31 die Freude, den Männern in ihrem Leben zu helfen, ihre Möglichkeiten voll zur Entfaltung zu bringen. Sie blühten persönlich unter einer starken Leitung auf. Gottesfürchtige Frauen unterstützen das Heranbilden männlicher Leiter. Alle profitieren von den Ergebnissen.

---

[1)] Lyle Schaller, The Changing Focus of Church Finances, Leadership, Spring, 1981, Seite 15.

# Vorbild sein für andere Frauen

*Studienblatt*

1. Welche Frauen sollten von leitenden Männern ermuntert werden, andere Frauen zu lehren oder anzuleiten (Titus 2,1-3)?

2. In Titus 2,3-5 werden die wichtigsten Lernziele für Frauen aufgezählt. Nennen sie zumindest eine Möglichkeit, wie sie eine Freundin dazu ermutigen können

   – ihren Ehemann zu lieben

   – ihre Kinder zu lieben

   – rein zu sein

   – mit häuslichen Arbeiten beschäftigt zu sein

   – gütig zu sein

   – sich dem eigenen Mann unterzuordnen

3. Was geschieht, wenn Frauen es vernachlässigen, diese Dinge zu lehren (Titus 2,5)? Inwiefern ist dies heute der Fall?

4. Vergleichen Sie 1. Korinther 11,8-9 und Galater 3,27-29. Erklären Sie den Unterschied zwischen dem Wert einer Frau und ihrer gottgegebenen Aufgabe.

5. Betrachten Sie folgende Stellen im Neuen Testament und erklären Sie Gottes Plan für die Leitung in der Gemeinde:

1. Kor 14,34

1. Tim 2,8-14

1. Tim 3,1-7

6. Manche Frauen kämpfen um ihr „Recht", die Leitung über Männer auszuüben. Warum glauben Sie – im Lichte der Absichten Gottes betrachtet–, daß echte innere Zufriedenheit eher daher kommt, den Mann zu ergänzen, als mit ihm zu wetteifern?

# Vorbild sein für andere Frauen

*„Die jungen Frauen unterweisen ... damit das Wort Gottes nicht verlästert werde."* (Tit 2,4-5)

Pat hatte keine Ahnung, wieviel Eindruck sie auf die junge gläubige Frau machte. Pat sah sich nur als jemand, der einem Gast über das Wochenende einfaches Essen servierte. Aber die Junggläubige, Tochter einer forschen, dominanten Frau, hatte bisher kaum eine kreative, glückliche Hausfrau gesehen. Abends beobachtete sie, wie Pat ihrem Mann begegnete. Sie bemerkte Liebe, Harmonie, Erfüllung und Frieden.

Am nächsten Tag lud Pat ihren Gast zu einem „Feminar" ein, einem Seminar für Frauen. Während diesem Treffen gaben einige reife Christinnen Schriftstellen wie Sprüche 31 und Titus 2 weiter. Die neuen grundlegenden Gedanken erweckten das Interesse der jungen Gläubigen. Sie brachte die Lehre des Seminars mit dem lebendigen Beispiel von Pat in Verbindung. Ohne es zu wissen, hatte Pat den Befehl, jüngere Frauen zu lehren, erfüllt.

In der heutigen Zeit sind Frauen wie Pat selten und kostbar, eine Krone für ihre Männer (Spr 12,4) und ein Segen für die Gemeinschaft (Spr 31,20). In Titus 2,3-5 wird das Profil dieser Art von Frau entworfen; es werden die Voraussetzungen, andere zu lehren, genannt, die wichtigsten Lehrinhalte aufgezählt und vor den Folgen gewarnt, wenn wir es unterlassen, die jüngeren Frauen zu lehren.

## Voraussetzungen für Gott wohlgefälliges Lehren

Der Apostel nennt bestimmte Qualifikationen, um andere zu lehren. Manche Bedingungen gelten sowohl für Männer als auch für Frauen.

1. GESUNDE LEHRE ist die erste Bedingung, um andere zu Jüngern zu machen (Tit 2,1). Eine Frau sollte das Evangelium und die Grundlagen des Glaubens verstehen (Lektionen 3 und 4). Mit anderen Worten: sie sollte Gott fürchten.

2. DAS ZEUGNIS EINES GOTTESFÜRCHTIGEN LEBENS ist die zweite Bedingung. Wer andere lehrt, sollte einfühlsam, ehrbar, selbst-

beherrscht und gesund in Glauben, Liebe und Ausharren sein (Tit 2,2). Frauen sollten im besonderen ein ehrfürchtiges Verhalten haben (Lektionen 5 und 6), die Zunge im Zaum halten (Lektionen 7 und 8) und sich vom vielen Wein enthalten (Lektionen 9 und 10). Insgesamt sollten sie fähig sein, einen hohen Maßstab zu legen und das Gute zu lehren (Tit 2,3).

Die folgenden sind NICHT Voraussetzungen, um zu lehren:

1. DIE GABE DES LEHRENS IST NICHT NOTWENDIG, um Frauen zu lehren oder zu ermutigen. Es ist wertvoll, wenn es eine Frau in der Gemeinde gibt, die dafür begabt ist, einen Lehrplan logisch auszuarbeiten. Der Dienst des Lehrens unter Frauen ist jedoch nicht auf die wenigen, zum Lehren übernatürlich Begabten beschränkt. Eine Frau mit der Gabe der Hilfeleistungen kann Ehefrauen lehren, ihre Männer zu lieben; die Gläubige mit der Gabe der Barmherzigkeit kann den Müttern zeigen, wie sie ihre Kinder lieben sollen; die Frau mit der Gabe des Glaubens kann die Ehefrauen ermutigen, ihren Partnern zu gehorchen. Eine Frau kann mit jeder geistlichen Gabe andere Frauen in den Bereichen erbauen, die in Titus 2 genannt werden.

2. DIE NATÜRLICHE VERANLAGUNG, IN DER ÖFFENTLICHKEIT ZU REDEN, IST NICHT NOTWENDIG. Erbauliches Lehren wird eher durch den schlechten Lebenswandel verhindert als durch Unerfahrenheit im öffentlichen Reden. Obwohl die Unterweisung in der Gruppe wichtig ist, müssen die Seminartreffen durch zwangloses Austauschen und Zweiertreffen ergänzt werden. In anderen Übersetzungen wird das Wort „lehren" mit „unterweisen", „dazu anhalten" oder „ermuntern" wiedergegeben. Es geht um eine Schwester, die vorzeigt, herausfordert, erklärt, anleitet und aufrichtet.

3. DIE EHE IST NICHT BEDINGUNG, um Frauen zu lehren. Gott kann und wird manchen unverheirateten Frauen Verständnis geben, um Ehefrauen und Müttern zu dienen. In der Schrift wird erklärt, warum dies möglich ist. „Die Unverheiratete ist für die Sache des Herrn besorgt ... die Verheiratete aber ist um die Dinge der Welt besorgt... wie sie dem Ehemann gefallen möge" (1. Kor 7,32-34). Eine verheiratete Frau muß ihre Familie vor den Dienst an anderen stellen. Nur die alleinstehende Frau ist frei, um sich von ganzem Herzen für andere hinzugeben, sei es für andere Singles, Kinder oder Verheiratete.

Obwohl eine Lehrerin nicht selbst verheiratet sein muß, sollte sie doch Gottes Plan für ein erfolgreiches Heim sehr gut kennen. Wenn die Unterweisende nie gelernt hat, sich männlicher Leitung in der Gemeinde unterzuordnen, wird sie andere Frauen nicht zur Unterordnung unter ihre Ehemänner anleiten können. Wenn sie nicht gelernt hat, die Bedürfnisse von Kindern zu verstehen, wird sie nicht fähig sein, Mütter zu lehren, wie sie ihren Nachwuchs lieben sollen. Wenn sie die Probleme des Ehelebens nicht versteht, wird sie Mädchen nicht auf ihre zukünftige Rolle vorbereiten können.

## Die wichtigsten Lehrfragen für Frauen

Der Apostel fordert die Frauen dazu auf, die jungen Frauen in den Lebensbereichen zu lehren, von denen die Welt einer Frau beeinflußt wird: ihr Heim, ihre Kleidung, ihre Familie und ihr Dienst. Wenn wir versagen, wird der Herr selbst entehrt (Tit 2,3-5). Was ist nötig, um in diesen Bereichen zu helfen? Die nächsten Lektionen werden jeden dieser Punkte ausführlich behandeln, aber wir wollen die Themen zusammenfassen, die eine gottesfürchtige Frau lehren soll, und eine Liste von Lehrfragen vorstellen.

1. WIE LIEBT EINE FRAU IHREN MANN (Lektionen 13 und 14)?
   Sie strebt danach, seine tiefsten Bedürfnisse zu erfüllen, wie etwa:
   a) ihn als entsprechende Hilfe ergänzen (1. Mo 1,28; 2,18)
   b) körperliche Befriedigung geben (1. Kor 7,3-5)
   c) ihm als Leiter Anerkennung zeigen (Eph 5,22)
   d) ihm Bewunderung entgegenbringen (Eph 5,33)

2. WIE LIEBT EINE FRAU IHRE KINDER (Lektionen 15 und 16)?
   Sie unterstützt ihren Mann dabei, sie auf ein produktives Leben vorzubereiten, indem sie ihnen Charakter und Weisheit vermittelt. Geistliche Unterweisung umfaßt mehrere Aspekte:
   a) Systematische und begleitende Unterweisung (5. Mo 6,6-7)
   b) Zurechtweisung aus Liebe (Spr 13,24)
   c) Vermitteln von Glauben (1. Tim 1,5; Hebr 11,23-39)

3. WARUM SOLLTE EINE FRAU REINHEIT VORLEBEN (Lektionen 17 u. 18)? Eine Frau ist „des Mannes Herrlichkeit" (1. Kor 11,7). Sie kann sehr leicht einen Mann von Christus ablenken, indem sie ihn durch ihren Körper anzieht. Obwohl der Mann die Aufgabe hat, öffentlich zu beten (1. Tim 2,8), liegt es an der Frau, ihn entweder von geistlichen Dingen abzulenken oder ihm die Möglichkeit zu geben, sich auf den Herrn zu konzentrieren. Sie kann seine Fähigkeit der Anbetung beeinflussen.

4. WAS GEHÖRT ZUR HAUSHALTSFÜHRUNG (Lektionen 19 und 20)?

a) Die Organisatorin des Haushalts: Indem sie sich nach den Vorlieben ihres Ehemannes richtet, bereitet sie das Essen vor, kauft und pflegt die Kleidung, hat den Überblick beim Putzen, bringt Stimmung hinein, usw. (Sprüche 31).

b) Die Seele des Heims: Sie bestimmt die Atmosphäre und bereitet einen Zufluchtsort von Liebe, Frieden und Sicherheit. Viele Frauen sind erfolgreiche Organisatorinnen und sorgen für ein sauberes Zuhause und besondere Mahlzeiten, schaffen es aber doch nicht, eine angenehme Atmosphäre zu erzeugen (Spr 15,17).

5. WAS BEDEUTET ES, GUT ZU SEIN (Lektionen 21 und 22)?

Gute Werke werden in 1. Tim 5,10 zusammengefaßt. Sie umfassen sowohl die Sorge für die Bedürfnisse der Familie als auch das Bemühen um andere.

a) Kindererziehung

b) Gastfreundschaft

c) Dienst an den Heiligen (an anderen Christen)

d) Hilfe für Notleidende

6. WARUM IST ES WICHTIG, SICH DEM EHEMANN UNTERZUORDNEN (Lektionen 23 und 24)?

Eine Frau findet keine Erfüllung, wenn sie sich über einen schwachen Ehemann stellt, auch erlebt sie keinen Segen dabei, wenn sie ständig um die Herrschaft kämpft. Ein Mann kann einer Frau eher Hingabe und Liebe zeigen, wenn sie harmonisch unter seiner Führung arbeitet.

# Warum männliche Leiterschaft unterstützt werden soll

Viele Frauen sind nicht damit zufrieden, andere Frauen zu lehren. Sie wollen Autorität über Männer ausüben, um ihre Fähigkeit zu demonstrieren, in der obersten Leitung Erfolge zu erzielen. Sie verstehen den großen Zusammenhang nicht. Bei der Rollenverteilung geht es nicht um Wert. In einem Fußballspiel bekommt ein Stürmer viel Aufmerksamkeit, aber ohne ein gutes Team, das ihn unterstützt, würde er nie ein Tor schießen. Wenn sich alle Spieler um die Fähigkeit, Tore zu schießen, bemühten, aber niemand als Abwehrspieler oder Torwart dazulernen wollte, würde man das Spiel verlieren.

*1. Zurückgesetzte Männer erzeugen Probleme*

Frauen können viele Arbeiten von Männern tun. Sie haben das bewiesen. Aber wenn sich die Frauen darauf konzentrieren, Männer zu leiten, was bleibt dann den Männern zu tun? Manche lenken ihre Energie dann auf Gewalttätigkeit. Weldon Hardenbrook berichtet in einem Buch, daß „Männer 81 % der Inhaftierten, 90 % der Gewaltverbrecher und 79 % der Vermögenstäter ausmachen. Kriminelles Verhalten unter Erwachsenen (und auch Jugendlichen) ist ein überwiegend männliches Problem." [1]

## 2. Männer sind von ihrer Natur her zur Leitung bestimmt

Paul Popenoe, der Gründer des Amerikanischen Institutes für Familienbeziehungen, erforschte die biologischen Unterschiede zwischen Mann und Frau. Er behauptet, daß der Mann im Durchschnitt 50 % mehr Körperkraft besitzt als eine Frau und ein bedeutend höheres Luftvolumen. Frauen haben kleinere Lungen. Das Blut von Frauen enthält mehr Wasser und um 20 % weniger rote Blutkörperchen. Da die roten Blutkörperchen die Körperzellen mit Sauerstoff versorgen, ermüden Frauen viel leichter und sind anfälliger für Ohnmacht. Frauen leben um drei bis vier Jahre länger als Männer, aber ihre körperliche Konstitution ist ihr Leben lang begrenzt. [2]

Gott erschuf den Mann mit breiten Schultern, starken Muskeln und einer großen Statur. Er gab ihm das Bedürfnis, andere zu versorgen und zu beschützen, bei der Frau zu wohnen „mit Einsicht als bei einem schwächeren Gefäß" (1. Petr 3,7). Wenn man ihm dieses Bedürfnis nimmt, fühlt er sich nutzlos und unmotiviert.

## 3. Frauen erfahren getrübten Segen, wenn sie vorherrschen

Der Kampf um die Vorherrschaft über den Mann bringt keine bleibende Zufriedenheit. Leider werden in unserer Gesellschaft die Frauen gepriesen, die vielversprechende Karriereposten vor Männern erlangen. In einem kürzlich erschienenen Zeitungsartikel ging es um die zehn führenden Beamtinnen in San Francisco. Sie waren beruflich bis an die Spitze gekommen, aber ohne Ausnahme waren sie alle vor kurzem geschieden. Sie opferten ihre Ehen für ihren Beruf. Was für ein Preis für „Erfolg"!

Annie Gottlieb beschrieb die Enttäuschung der Frauen-Befreiungsbewegung in einer Zeitschrift (McCall, Oktober 1983):

„Ist es Ihnen aufgefallen? Männer und Frauen sind nicht so verschieden

---

[1] Weldon Hardenbrook, Missing from Action: Vanishing Manhood in America, Nashville, Tennessee, 1987 (Thomas Nelson Publishers), S. 109.
[2] Gary Smalley, The Joy of Committed Love, Michigan (Zondervan, Grand Rapids), S. 15.

wie früher. Jetzt tragen Frauen die Mäntel von Chirurgen und die Rauman-
züge von Astronauten. Männer pflegen ihre Kinder mehr und übernehmen
mehr Verantwortungen im Haushalt. Dem Großteil der Frauen scheint die
Aussicht auf eine ‚eingeschlechtliche' Menschheit zu gefallen – bis auf
das schwerwiegende Problem: vielen Männern fehlt heute seltsamerweise
eine besondere Kraft und Vitalität, Lust und Stolz, die wir einst als so
typisch männlich angesehen hatten. ‚Die Frauen in Amerika sprechen heute viel vom Tod des vitalen Mannes,' schrieb Betty Friedan kürzlich. ‚Ich
fahre in eine Stadt, um Vorträge zu halten, und höre von all den wunderba-
ren, dynamischen Frauen, die sich in jeder Sparte in dieser Stadt hervorge-
tan haben. Doch in letzter Zeit sagen alle Frauen, egal welchen Alters: Die
Männer scheinen jetzt so fad und grau. Sie sind öde, sie sind farblos.'"

## 4. Die Gesellschaft profitiert, wenn Männer mit Weisheit leiten

Wenn Frauen die Kunst erlernen, Männer zu formen, werden alle davon
profitieren. Die männlichen aggressiven Neigungen werden gezähmt, pas-
sive Männer werden belebt, schüchterne Männer gestärkt. Die Frauen
erlangen Zufriedenheit, wenn sie erfolgreiche Leiter unterstützen. George
Gilder erklärt in seinem zum Denken anregenden Buch ‚Der Mann und die
Ehe': „Frauen verwandeln männliche Lust in Liebe, leiten den männlichen
Wandertrieb in Arbeitsstelle, Heim und Familie, verbinden Männer mit
bestimmten Kindern, erziehen Kinder zu Staatsbürgern, machen aus
Jägern Väter, verändern männliches Machtstreben zu Kreativität...[3]
Frauen haben die Aufgabe, wie er es ausdrückt, den Barbaren im Mann zu
zähmen. „Frauen domestizieren und zivilisieren die Natur des Mannes. Sie
können die Disziplin und Identität eines Mannes als auch die Menschheit
gefährden, wenn sie ihre Rolle einfach aufgeben."[4]

## 5. Es war die Absicht Gottes, daß Frauen männliche Leitung fördern

Gottes Schöpfungsordnung sollte zum Nutzen aller sein. Paulus schreibt
im Neuen Testament: „Ich will aber, daß ihr wißt, daß der Christus das
Haupt eines jeden Mannes ist, das Haupt der Frau aber der Mann... Denn
der Mann ist nicht von der Frau, sondern die Frau vom Mann; denn der
Mann wurde auch nicht um der Frau willen geschaffen, sondern die Frau
um des Mannes willen" (1. Kor 11,3.8.9).

---

[3] George Gilder, Men and Marriage, Getna, Louisiana, USA, 1987 (Pelican Publishing
Company), S. 5.
[4] ebd. S. 12.

Die Unterscheidung der Rollen beinhaltet kein Werturteil. Der Wert von gottesfürchtigen Frauen ist mit Geld nicht aufzuwiegen. Männer und Frauen haben die gleiche Bedeutung, aber unterschiedliche Aufgaben und Bestimmungen. Gott schuf die Frau als Ergänzung für den Mann, als jemand, die ihn ermutigen und ihm helfen würde, seine Fähigkeit als Leiter zu entwickeln. Er wollte, daß sie ein besonderer Segen für ihn und nicht seine Wettkämpferin ist.

## Zusammenfassung

Alle christlichen Frauen sollten danach streben, „Lehrerinnen des Guten" zu sein, wenn wir Rezepte austauschen, gemeinsam Schnittmuster einkaufen oder einfach bei einer Tasse Tee beisammen sitzen. Wir sollten unseren persönlichen Wandel ständig auswerten und uns fragen: „Regt mein Leben zu Reinheit, Selbstbeherrschung und Ernsthaftigkeit an? Leite ich andere Frauen dazu an, bessere Hausfrauen und Mütter zu sein? Ermutigt sie meine Zufriedenheit in ihrer Rolle? Trage ich dazu bei, daß Männer stärkere Leiter zur Ehre des Herrn sind? Bin ich eine Lehrerin des Guten?"

# Maria – eine Frau, die ihren Mann liebte

*Studienblatt*

1. Lesen Sie Lukas 1,26-56. Wie beurteilte Gott Maria?

   Manche behaupten, sie wäre ohne Sünde gewesen. Widerlegen Sie diesen Gedanken (V. 47).

2. Wie wirkt sich Gehorsam gegenüber dem ersten Gebot in Matthäus 22,37 auf das zweite aus (siehe 1. Joh 4,19-21)?

3. Vergleichen Sie die Gebete von Maria und Hanna (Lk 1,46-55 und 1. Sam 2,1-10). Welche Eigenschaften Gottes werden von beiden angesprochen?

   Lk 1,47/1. Sam 2,1:

   Lk 1,49/1. Sam 2,2:

   Lk 1,52/1. Sam 2,7:

   Lk 1,53/1. Sam 2,5:

   Lk 1,54.55/1. Sam 2,9.10:

Vergleichen Sie die Beziehung Hannas zu ihrem Ehemann vor und nach ihrer Versöhnung mit Gott (1. Sam 1,7-8/18-19).

Was für eine Beziehung, denken Sie, hatte Maria zu Josef?

4. Was wissen wir von Marias moralischem Charakter (Lk 1,27ff)? Warum ist Treue ein wichtiger Teil der Liebe in der Ehe (Spr 6,30-35)?

Verbindlichkeit einem Partner gegenüber ist ein Aspekt der Reinheit. Welche Verantwortung hat eine Frau außerdem (1. Kor 7,5)?

Josef und Maria enthielten sich beide ehelicher Intimität (Mt 1,25). Woher wissen wir, daß sie nicht für immer enthaltsam blieben (Mt 13,55-56)?

5. Eine liebende Frau teilt die Ziele ihres Mannes. Nennen Sie Bereiche, wo wir Maria und Josef als Einheit sehen (Mt 2,13-14; Lk 2,22.41; Lk 2,42-48).

6. Prüfen Sie Ihr eigenes Leben. Wie sollen Sie Ihre Liebe zu Gott vertiefen? Nennen Sie eine bestimmte Sache, die Sie diese Woche für Ihn tun können. Sind Sie verheiratet, wie können Sie die Liebe zu Ihrem Mann festigen?

# Maria – eine Frau, die ihren Mann liebte

*„Die jungen Frauen unterweise, ihre Männer zu lieben... damit das Wort Gottes nicht verlästert werde" (Titus 2,4-5)*

„Sei begrüßt, Begnadigte", grüßte der Engel Maria von Nazareth. „Du hast Gnade bei Gott gefunden" (Lk 1,30). Maria wurde geehrt, als Gott sie als Mutter für Jesus erwählte. Warum wurde sie unter den Frauen gesegnet?

Manche sind so weit gegangen zu behaupten, daß Maria ohne Sünde war. Diese Sicht kann mit der Schrift nicht belegt werden. Alle Nachkommen Adams erben ein sündiges Wesen (Röm 3,23). Maria anerkannte diese Tatsache, als sie zugab, daß sie einen Heiland nötig hatte (Lk 1,47). Wie alle jüdischen Frauen ging sie nach der Entbindung zur Reinigung in den Tempel (Lk 2,22). Sie opferte entweder ein Paar Turteltauben oder zwei junge Tauben, eine als Brandopfer und eine als Sündopfer. Nicht für ein sündloses Wesen wurde Maria geehrt, sondern für ihr demütiges Bewußtsein, daß sie Gott brauchte, und für ihre geistliche Reife. Sie liebte Gott von ganzem Herzen.

## Maria liebt Gott an erster Stelle

Maria beweist Liebe, zuerst zu Gott und dann zu ihrem Ehemann und anderen (Mt 22,37). Woran sehen wir, daß ihre Liebe handelt?

*1. Maria setzte sich Opferbereit ein*

Ein Engel erschien Maria und sagte ihr, daß sie einen Sohn bekommen würde. Maria fragte wie. Sie beklagte nicht die Schwierigkeiten, die durch eine Jungfrauengeburt entstehen könnten (wer würde glauben, daß eine schwangere, unverheiratete Mutter eine Jungfrau ist?). Sie wollte etwas über den Hergang wissen. Der Engel erklärte die übernatürliche Schwängerung (Lk 1,34) und erinnerte sie an Gottes wunderbare Kraft. Sogar Elisabeth, alt und unfruchtbar, war schwanger geworden, „denn bei Gott ist kein Ding unmöglich" (Lk 1,37; Luther).

Maria hätte sich grundlegende Fragen stellen können: „Wird Josef glauben, daß ich untreu gewesen bin?" oder „Werde ich zu Unrecht wegen Unzucht gesteinigt werden?" In Israel war Ehebruch ein schweres Verbrechen (5. Mose 22,20-21). Sie war bereit, sich Gottes Plan zu fügen, wie hoch die Kosten auch sein mögen. Sie überließ Gott das Problem wegen ihres Rufes. Maria antwortete dem Engel: „Ich bin die Magd des Herrn; es geschehe mir nach deinem Wort" (V. 38).

## 2. Maria hatte eine tiefe Beziehung zu Gott

Wirkliche Liebe beruht auf Erkenntnis. Maria verbrachte ausgiebig Zeit beim Studium des Wortes Gottes. Sie kannte die Psalmen gut und zitierte sie in ihrem freien Gebet, das in Lukas 1,46-55 wiedergegeben ist (Ps 35,9; 103,17; 98,1 und 107,9).

Sie kannte auch Hannas Gebet in 1. Samuel 2. Kommentatoren glauben, daß es mehr als Zufall ist, daß Marias Magnifikat so viele Parallelen zu Hannas Lobpreis aufweist. In beinahe gleichem Ablauf gab Maria Punkt für Punkt das Gebet Hannas spontan wieder, das Hunderte Jahre zuvor in der Schrift aufgezeichnet worden war.

## Maria und Hanna jubelten über den Herrn und seine Errettung (Lukas 1,46-47 und 1. Samuel 2,1)

Sie priesen Gott für Seine Errettung (Lk 1,49/1. Sam 2,2) und anerkannten ein gerechtes Richten, das auf seinem unbegrenzten Wissen beruht. „Er hat zerstreut, die in der Gesinnung ihres Herzens hochmütig sind." Es gibt keinen Grund für falsches Rühmen im Angesicht dessen, der alle Handlungen prüft (Lk 1,51/1. Sam 2,3). Sie bestätigten seine souveräne Herrschaft, indem sie auf seine Macht hinwiesen, zu erniedrigen und zu erhöhen, und sein Vermögen, „Mächtige von Thronen hinabzustoßen" (Lk 1,52/1. Sam 2,7). Seine Handlungsweise ist dem System der Welt genau entgegengesetzt. Maria verkündete mit Hanna die Treue Gottes. Er wird das Versprechen einlösen, seinen Gesalbten durch Abraham und seine Nachkommen zu erhöhen (Lk 1,54.55; 1. Sam 2,10).

Maria wandte das Wort auf ihr Leben an. Sie betrachtete Gott als heilig, gerecht, souverän, treu, barmherzig, stark und liebevoll. Vertraut mit der Verheißung für Abraham, erkannte Maria, daß Gott sie verwenden wollte, um die Prophezeiung zu erfüllen (Lk 1,51-55). Der langersehnte Messias war nahe. Der Engel hatte vorhergesagt, das Kind, das sie erwartete, „wird über das Haus Jakobs herrschen in Ewigkeit, und seines Königtums wird kein Ende sein" (Lk 1,33). Im Vertrauen auf diese Verheißung brauchte sich Maria nicht zu fürchten, in Israel gesteinigt zu werden. Auch brauchte sie vor ihrer eigenen Zukunft keine Angst zu haben. Gott sandte ihr nicht nur einen Retter, sondern er schenkte ihr auch die Freude, mit der Erfüllung seines Planes ganz eng verbunden zu sein.

## Maria gibt ihre Liebe zu Gott an andere weiter

Die echte Liebe zu Gott erzeugt eine echte Liebe zu Menschen. „Wenn jemand sagt: Ich liebe Gott, und haßt seinen Bruder, ist er ein Lügner. Denn wer seinen Bruder nicht liebt, den er gesehen hat, kann nicht Gott lieben, den er nicht gesehen hat. Und dieses Gebot haben wir von ihm, daß, wer Gott liebt, auch seinen Bruder lieben soll" (1. Joh 4,20-21). In einer Ehe zweier Christen ist der Mann für seine Frau auch der Bruder in Christus.

In einer früheren Lektion sahen wir ein Beispiel für die Auswirkung unserer Beziehung zu Gott auf die Beziehung mit unserem Partner. Hanna hatte unter Depressionen gelitten und ihr Mann war über ihren Trübsinn besorgt gewesen (1. Sam 1,8-10). Er liebte sie und kam sich hilflos vor. Eine glückliche Frau ist eine Krone für ihren Mann, aber eine traurige Frau ist ein öffentliches Ärgernis. Vergeblich hatte er versucht, sie aufzumuntern. Erst als Hanna Neubelebung von Gott erfuhr, änderte sich ihre eheliche Beziehung grundlegend. Sie beteten den Herrn gemeinsam an (V. 19), und sie sang aus Freude (1. Sam 2,1).

Bevor Maria Josef heiratete, hatte sie ihre Beziehung zu Gott gefestigt. Wir haben bereits die Loblieder von Marie und Hanna verglichen. Wir können annehmen, daß sich Maria und Josef einer wechselseitig reichen Beziehung erfreuten. Nichts in der Schrift läßt etwas anderes vermuten. Maria verkörperte eine Reihe von Merkmalen der Liebe. Wir wollen einige betrachten.

*1. Eine liebende Frau wird vom Geist geleitet*

Die persönliche Zeit mit Gott fließt auf unsere Familie und auf andere über. So muß es auch bei Maria und ihrem geistlichen Leben gewesen sein. In Epheser 5 sind Richtlinien für Ehemänner und -frauen festgehalten. Vor den speziellen Anweisungen für Partner ermahnt Paulus alle: „Werdet voll Geist, indem ihr zueinander in Psalmen und Lobliedern und geistlichen Liedern redet und dem Herrn in eurem Herzen singt und spielt" (Eph 5,19-21).

Wir sollten dieses ungezwungene Mitteilen nicht mit Predigen oder Nörgeln verwechseln. Eine liebende Frau wächst in ihrem persönlichen Leben und ist eine geistliche Ermutigung für andere. Sie betet eifrig für ihren Partner. Sie ist nicht davon abhängig, wie ihr Mann mit Gott wandelt. Sie fördert seine geistliche Leiterschaft.

## 2. Eine liebende Frau besitzt Reinheit

Maria blieb jungfräulich, solange sie unverheiratet war (Lk 1,27ff). Wegen ihrer ungewöhnlichen Situation enthielten sich Maria und Josef der natürlichen ehelichen Intimität bis nach der Geburt Jesu (Matth 1,25). Einige Traditionen behaupten, Maria hätte ihre Jungfräulichkeit während ihres ganzen Lebens bewahrt. Wir wissen, daß sie dies nicht tat. Sie war die Mutter von weiteren Kindern: Jakobus, Josef, Simeon, Judas und auch von Töchtern (Matth 13,55-56).

Gott warnt Ehepaare, einander nicht zu entziehen, außer nach Übereinkunft und dann nur eine begrenzte Zeit zum Gebet, und „daß ihr dann wieder zusammen seid, damit der Satan euch nicht versuche, weil ihr euch nicht enthalten könnt" (1. Kor 7,5). Sexualität wurde für die Ehe bestimmt und ist nicht falsch, wenn sie gottgemäß gebraucht wird. Eine Frau zeigt ihrem Mann Liebe, wenn sie regelmäßig körperlich auf ihn eingeht. Ein Mann braucht eine Frau, die ihn mit ihrer Liebe überschüttet, indem sie seine körperlichen Bedürfnisse stillt. Doch gleichzeitig braucht er die Gewißheit ihrer Treue zu ihm. In Sprüche 6,30-35 wird der Zorn eines Mannes beschrieben, der einen anderen Mann bei seiner Frau entdeckt. Er mag vielleicht einem Dieb vergeben, der seinen ganzen Besitz stiehlt, aber er wird keinerlei Wiedergutmachung annehmen, wenn ein Mann seine Frau raubt.

## 3. Eine liebende Frau ist nicht selbstsüchtig

Maria verkörperte einen sanften und stillen Geist. Sie sah sich selbst als eine „Magd des Herrn". Anstatt zu glauben, daß ihr die von Gott verliehene Ehre zustand, betrachtete sie Seine Erhöhung einer Niedrigen als einen Akt der Barmherzigkeit. Wir können annehmen, daß ihr demütiger Geist ihr half, ihren Mann zu lieben und zu unterstützen.

## 4. Eine liebende Frau teilt die göttlichen Ziele ihres Mannes

Josef und Maria wirkten als Team. Sie gingen gemeinsam durch Schwierigkeiten, wie die Flucht nach Ägypten (Mt 2,13-14). Für eine Zeit gaben sie Heim und Familie auf, um das Christuskind zu schützen. Regelmäßig beteten sie Gott gemeinsam an (Lk 2,22.41). Gemeinsam suchten sie nach dem zwölfjährigen Jesus, als sie dachten, daß er verlorengegangen sei (Lk 2,42-48).

# Zusammenfassung

Maria lehrt uns, daß Liebe eine Hingabe bedeutet, die opferbereites Handeln erfordert. Tiefe, reife Liebe zum Ehemann entspringt einer tiefen Beziehung zu Gott.

# Ansporn für die Liebe zum Ehemann

*Studienblatt*

1. Lesen Sie Epheser 5,22-33. Nennen Sie zwei positive Haltungen, die eine liebende Ehefrau verkörpern soll. Erklären Sie, warum diese wichtig sind.

   Definieren Sie Ehrfurcht.

2. Vergleichen Sie Ehrfurcht mit Nörgeln oder Herabwürdigen.

   Führen Sie ein Beispiel an, als Sie oder eine Frau, die Sie kennen, den Ehemann entweder ehrfürchtig oder abschätzig behandelten. Was war die Folge?

3. Lesen Sie Römer 12,9-12. Nennen Sie bestimmte Möglichkeiten, andere zu lieben, besonders Ihren Partner.

4. Lesen Sie 1. Korinther 13. Nennen Sie Merkmale der Liebe.

Wählen Sie zwei Eigenschaften, die Sie in Ihrer Beziehung zu einer nahestehenden Person (z.B. Ihrem Ehemann) verbessern müssen.

5. Beschreiben Sie mit eigenen Worten „Liebe".

Warum ist für Gott die Liebe im Leben eines Gläubigen so wichtig (Kol 3,12-14; 1. Kor 13,8)?

6. Die Liebe „glaubt alles" (1. Kor 13,7). Nennen Sie einen Bereich, wo Sie in Ihrem Leiter Entwicklungsmöglichkeiten für die Zukunft sehen können. Wie werden Sie dazu beitragen, Ihn beim Wachstum zu ermutigen?

# Ansporn für die Liebe zum Ehemann

*„Ihr Mann ... rühmt sie: Viele Frauen haben sich als tüchtig erwiesen, du aber übertriffst sie alle!"* (Sprüche 31,28b-29)

Wie kann eine Frau ihren Mann lieben? Manche Frauen werden vielleicht antworten: „Wie kann ich ihn lieben, so wie er mich behandelt? Er vergißt meinen Geburtstag, hilft mir nie mit den Kindern, denkt nur an sich selbst. Wie kann Gott von mir erwarten, auf jemanden liebevoll einzugehen, der mich vernachlässigt?"

Eine Schauspielerin versicherte: „Die Ehe ist wunderbar. Nur meinen Mann kann ich nicht ausstehen." Sie war im Irrtum. Liebe ist kein Gefühl, kein Kribbeln im Magen, keine überschwengliche Reaktion auf verliebtes Verhalten.

Die Liebe, die Jesus Christus verkörperte, war eine Liebe, die den ersten Schritt setzte. „Wir lieben, weil er uns zuerst geliebt hat" (1. Joh 4,19). Unsere Entscheidung zu lieben, ist eine Sache des Willens. Wenn eine Frau verheiratet ist, erwartet Gott von ihr, daß sie bei ihrem Mann bleibt und sich nicht nach einem begehrenswerteren Partner umsieht. Er versteht den Schmerz der Ablehnung, den sie vielleicht manchmal erfährt. „Unter dreien erbebt die Erde, ... unter einer Verschmähten, wenn sie verheiratet ist" (Spr 30,21.23).

Vergeltung oder Rückzug werden für das Gefühl, nicht geliebt zu sein, keine zufriedenstellende Lösung sein. Oft kann eine Frau ihre Ehe wiederbeleben, wenn sie sich mit Gottes Gnade dazu entschließt, ihren Mann bedingungslos zu lieben. Verlorengegangene Liebe kann zurückgewonnen werden.

Ella Mary Miller gibt die Erfahrung einer Ehefrau weiter: „Unsere Ehe war am Ende. Ich liebte John nicht mehr. Doch eines Tages übergab ich Jesus die Führung über mein Leben. Ich fragte mich: ‚Was würde ich tun, wenn ich meinen Mann liebte?' Dann fing ich an, bewußt seine Vorlieben und Abneigungen zu erforschen. Ich kochte seine Lieblingsspeise. Ich machte bei seinen Hobbies mit. Ich besorgte Überraschungen für das Essen, das ich ihm mitgab. Jetzt liebe ich ihn von ganzem Herzen. Doch die größte Belohnung bekam ich eines Tages, als unser Teenager sagte: ‚Mama, ich bin so glücklich.' ‚Ah', antwortete ich, ‚warum?' ‚Du und

Vati, ihr liebt einander. Du würdest dich wundern, wieviele Kinder Eltern haben, die dauernd miteinander kämpfen und streiten!'" [1]

## Die Liebe zum Ehemann als erste Priorität

Sprüche 31 und Titus 2 können in die Hauptbeziehungen im Leben einer Frau gegliedert werden. In beiden Abschnitten kommt der Mann an erster Stelle vor den Kindern, der Haushaltsführung und dem sozialen Engagement. Die Beziehung von Mann und Frau ist von primärer Bedeutung, da alle anderen Aufgaben von der Stärke der ehelichen Beziehung abhängen. Der Vorrang des Ehemannes ist auch in zweiten Ehen nicht von geringerer Wichtigkeit. Kinder aus einer früheren Ehe mögen einen zeitlichen Vorsprung vor der neuen Ehe haben, dürfen aber die Bedeutung des neuen Eheversprechens nicht verringern. Die Eltern befähigen ihre Kinder, eines Tages das Heim zu verlassen. Der Ehebund aber ist von Gott auf Dauer eingerichtet. Wenn Frauen ihre Kinder emotionell wichtiger nehmen als den Partner, werden sie schlechte Schwiegermütter sein.

## Wie die Liebe handelt (Epheser 5)

In Epheser 5 werden Frauen aufgefordert, ihre Männer in zweifacher Weise zu unterstützen. Wir sollen ihre Leiterschaft anerkennen. In den Lektionen 23 und 24 werden wir besprechen, was Unterordnung ‚als dem Herrn' bedeutet. Und die Frau wird auch herausgefordert, Ehrfurcht vor dem Mann zu haben (V. 33).

Die Schrift fordert die Ehefrauen nicht nur zur Ehrfurcht vor ihren Ehemännern auf, sondern sie befiehlt Respekt für alle, die Autorität besitzen. Wir sollen den König ehren (1. Petr 2,13-17), geistliche Leiter achten um ihres Werkes willen (1. Thess 5,12-13) und Eltern (Eph 6,1-2) und Vorgesetzte ehren (1. Tim 6,1). Die unverheiratete Frau kann Anerkennung für ihren Leiter vorleben und dadurch verheiratete Frauen anspornen, ihre Ehemänner zu lieben.

Worin der Sinn liegt, seinen Leiter zu respektieren, wird deutlich, wenn wir untersuchen, welche Auswirkungen es hat, ihn nicht zu respektieren. Ehrfurcht bedeutet, daß er die Bewunderung wert ist, Nörgelei oder Herabwürdigung hingegen, daß er unfähig ist und ihm kein Lob gebührt. Mit

---

[1] Ella M. Miller, A Woman In Her Home, Chicago, 1968 (Moody Press), S. 20.

Ehrfurcht kann das Vertrauen des Leiters aufgebaut werden. Nörgelei und Herabwürdigung zerstören hingegen das Vertrauen, hemmen die Entwicklung der Leiterschaft und reißen das Selbstwertgefühl nieder. Mit Ehrerbietung kann man einen Leiter fördern.

Ehrfurcht bedeutet ‚beachten', ‚bevorzugen', ‚lieben' und ‚anerkennen'. Sie kann am besten beschrieben werden, wenn wir sinnverwandte Wörter und Gegensätze auflisten. Wenn eine Frau einen Leiter nicht achtet, wird sie entweder nörgeln oder ihn herabsetzen. Denken Sie über die folgenden Begriffe nach:

| Ehrfurcht | Nörgelei/Herabwürdigung |
|---|---|
| Achtung entgegenbringen | etwas auszusetzen haben |
| anerkennen | schelten |
| nachgeben | belästigen |
| beachten | schikanieren |
| loben | drängen |
| verehren | gering achten |
| schätzen | unterschätzen |
| bewundern | minderwertig darstellen |

Eine Frau kann einen Mann entweder kaputtmachen oder ihm helfen, ein größerer und besserer Mann zu werden. Es wäre leicht, vor einem vollkommenen Leiter Ehrfurcht zu haben, aber nur wenige Frauen lernen die weibliche Kunst, Männer zu formen. Einen fehlbaren Menschen zu ehren, ist schwierig. Tatsächlich ist wirkliche Ehrfurcht nur auf übernatürliche Weise möglich. Doch Gott befiehlt, daß wir die achten, die er über uns gestellt hat, und er gibt uns auch die Kraft, seinen Geboten zu gehorchen. Eine weise Frau erkennt, daß sie mehr zur Stärkung eines Leiters beitragen kann, indem sie ihm ehrliches Lob entgegenbringt, anstatt ihn zu kritisieren. Daher wird sie Gott darum bitten, ihr zu helfen, daß ihre Gedanken der Kritik in Liebe verwandelt werden. Indem sie ihre Aufmerksamkeit von negativen Dingen auf positive Eigenschaften lenkt, wird ihre Bewunderung für ihren Leiter in natürlicher Weise wachsen.

## Handlungen der Liebe nach Römer 12,9-12

Der Brief an die Römer nennt Eigenschaften der Liebe. Wir werden einige betrachten, die sonst nicht erwähnt werden.

1. AUFRICHTIG. „Die Liebe sei ungeheuchelt" (V. 9). Eine Liebesbeziehung muß auf Wahrheit gegründet sein. Liebe ist vertrauenswürdig,

zuverlässig und verläßlich. Wahrheit ist kein Freibrief, unfreundlich zu sein. Liebe spricht nicht unbedacht. Sie beschützt die geliebte Person. Aber sie täuscht den anderen nicht.

2. VERBINDLICH. „Seid herzlich zueinander" (V. 10). Ein Filmstar machte die leichtfertige Bemerkung: „Die Ehe ist eine tolle Möglichkeit, beschäftigt zu bleiben, bis der richtige Mann daherkommt." Gott möchte, daß die Ehe dauerhaft ist, nicht bis man jemanden besseren findet. Eine Frau muß ihrem Partner völlig verbunden sein. Die Liebe ist treu.

3. ANHALTEND IM GEBET (V. 12). Unsere Männer sind nicht vollkommen und sie brauchen unsere Gebetsunterstützung. Wir müssen für ihr Wachstum, ihre weise Leiterschaft, ihre Reinheit und ihre tiefsten Bedürfnisse beten. Das Gebet ist eine der größten Liebesgaben, die wir einander schenken können.

## Handlungen der Liebe nach 1. Korinther 13

Vollkommene Liebe wird in 1. Korinther 13, dem Hohelied der Liebe in der Heiligen Schrift, beschrieben. Wir tun gut daran, uns an diesem vollkommenen Maßstab zu messen!

1. GEDULDIG. Die Liebe ist langmütig, um den anderen besorgt. Wir sollen uns fragen: „Bin ich schnell beleidigt? Kann ich Unrecht ertragen? Rege ich mich leicht über Dinge auf, die mein Mann tut? Neige ich dazu, die Dinge selbst in die Hand zu nehmen? Gestehe ich meinem Mann Versagen zu?"

2. GÜTIG. Die Liebe gibt, was dem anderen nützlich ist. Diese Art der Güte ist eine Tat oder eine Handlung, nicht nur eine nette Einstellung oder eine süße Art. Die griechische Wurzel des Wortes ‚Güte' ist ‚nützlich'. Wir sollten uns fragen: „Handle ich zum Wohl für meinen Partner? Was kann ich für meinen Mann tun, das nützlich, sinnvoll oder hilfreich ist?"

3. FREUT SICH ÜBER SEINEN ERFOLG. „In Ehrerbietung einer dem anderen vorangehend" (Röm 12,10). Fragen Sie: „Mißgönne ich meinem Mann seinen Arbeitsplatz, seine Freunde, seinen Dienst oder seine Möglichkeiten? Habe ich Freude daran, am Erfolg meines Mannes mitzuarbeiten, auch wenn sich das gegen den eigenen richtet?" Liebe ist nicht eifersüchtig oder neidisch. „Wenn ihr aber bitteren Neid und Eigennutz in

euren Herzen habt, so rühmt euch nicht und lügt nicht gegen die Wahrheit. Dies ist nicht die Weisheit, die von oben herabkommt sondern eine irdische, sinnliche, teuflische. Denn wo Neid und Eigennutz ist, da ist Zerrüttung und jede schlechte Tat" (Jakobus 3,14-16).

4. NICHT EINSCHÜCHTERND. Die Liebe erhebt sich nicht über den anderen. Sie ist nicht arrogant oder aufgebläht. „Durch Übermut gibt es nur Zank" (Spr 13,10). „Die Furcht des Herrn ‚bedeutet‘, Böses zu hassen. Hochmut und Stolz ... hasse ich" (Spr 8,13). Wir können uns fragen: „Prahle ich in der Absicht, ihn minderwertig erscheinen zu lassen? Stelle ich mich und meine Leistungen stolz zur Schau? Korrigiere ich ihn in der Öffentlichkeit?"

5. HÖFLICH, RÜCKSICHTSVOLL. Die Liebe benimmt sich nicht unanständig. Wir können uns fragen: „Behandle ich meinen Partner zuvorkommend? Nehme ich seine Gefühle ernst? Oder bin ich grob, unhöflich, rücksichtslos oder gleichgültig? Habe ich ein dankbares Wesen, oder fühlt sich mein Mann als Gefangener meiner Erwartungen?"

6. SUCHT NICHT DAS IHRE. Die Liebe ist selbstlos. Die Liebe konzentriert sich nicht auf ihre Rechte. Die Liebe beschäftigt sich mit den Bedürfnissen des Partners. Wir könnten fragen: „Bin ich bereit, für seine Bedürfnisse zu sorgen, auch wenn ich müde bin? Kann er mir vertrauen, daß ich mit den Haushaltsfinanzen weise umgehe? Berücksichtige ich seine Pläne, wenn ich Termine festlege? Gewähre ich ihm genügend Ruhe für persönliches Gebet und Studium? Nehme ich ihn für mich selber ein, oder sind mir seine Bedürfnisse wichtiger als meine eigenen?"

7. NICHT SCHNELL ERBITTERT. Die Liebe schlägt nicht zurück, wenn ihr Unrecht geschieht. Sie kann Verletzungen ertragen und vergeben. Die Liebe übersieht Beleidigungen. Sie führt keine Aufzeichnungen über Unrecht. Die Liebe nimmt das Beste an. Wir könnten uns die Frage stellen: „Sage ich meinem Mann seine Fehler oder suche ich nach Stärken und lobe ihn dafür? Nehme ich das Beste an, wenn ich eine seiner Handlungen nicht verstehe?"

8. FÖRDERT GOTTESFURCHT UND WAHRHEIT. „Verabscheut das Böse, haltet fest am Guten" (Röm 12,9b). Die Liebe toleriert oder fördert nicht das Unrecht. Sie freut sich nicht darüber, was Gott beleidigt oder andere verletzt. Die Liebe freut sich mit der Wahrheit. Sie denkt nichts Böses. Wir könnten uns fragen: „Habe ich eine gute Meinung

von meinem Partner? Kann ich über vergangene Schmerzen hinweg auf die zukünftigen Chancen sehen?"

Die Liebe „deckt alles zu, sie glaubt alles, sie hofft alles, sie erduldet alles. Die Liebe vergeht niemals... Nun aber bleibt Glaube, Hoffnung, Liebe, diese drei; die größte aber von diesen ist die Liebe" (1. Kor 13,8.13).

„Zieht nun an als Auserwählte Gottes, als Heilige und Geliebte: herzliches Erbarmen, Güte, Demut, Milde, Langmut. Ertragt einander und vergebt euch gegenseitig, wenn einer Klage gegen den anderen hat; wie auch der Christus euch vergeben hat, so auch ihr. Zu diesem allen aber ‹zieht› die Liebe ‹an›, die das Band der Vollkommenheit ist" (Kol 3,12-14).

# Jochebed – eine Frau, die Kinder liebt

*Studienblatt*

1. Amram und Jochebed sind von den Eltern, die in der Schrift erwähnt werden, die einzigen, deren drei Kinder Führer Israels waren (Micha 6,4). In welcher Weise wurde das Leben Moses schon früh durch die Erziehung seiner Eltern geprägt (Hebr 11,23-27)?

   Wie unterschied sich sein Denken von dem der Welt (Hebr 11,24-28)?

2. Beschreiben Sie die geistliche Situation des Volkes Israel zur Zeit von Mose (Josua 24,14; Hes 20,6-8). Erklären Sie, weshalb es eine wirkungsvolle Erziehung erfordert, die Kinder zu lehren, daß sie in der Welt, aber nicht von der Welt sind.

3. Geben Sie Psalm 144,11-12 mit eigenen Worten wieder.

4. Unsere Lehrziele und unsere Handlungen sollten einander ergänzen. Kennen Sie allgemein gebräuchliche Lehrmittel für Kinder (wie Bücher, Spiele, Spielzeug, Traditionen), die man nicht verwenden sollte? Warum nicht?

Kennen Sie Hilfsmittel, die man fördern sollte? Erklären Sie!

5. Gott inspirierte Moses, der früh in seinem Leben Unterweisung bekommen hatte, um Richtlinien für die Kindererziehung niederzuschreiben. Nennen Sie einige der Methoden, die in 5. Mose 6,4-9 angesprochen werden.

6. Nennen Sie ein Kind oder eine Mutter, die Sie in dieser Woche betend unterstützen können.

# Jochebed – eine Frau, die Kinder liebt

*„Es treten ihre Söhne auf und preisen sie glücklich."* (Spr 31,28)

Amram und Jochebed, ein Ehepaar in der Schrift, sind nicht nur für ihren eigenen Wandel im Glauben bekannt, sondern auch wegen des Glaubenslebens ihrer drei Kinder. Keine andere Familie in Israel brachte jemals drei große Führer hervor (Micha 6,4). Mose wurde ein Prophet, Aaron ein Hohepriester (2. Mose 28,1) und Miriam eine Prophetin (2. Mo 15,20).

Wie viele Eltern heutzutage lebte diese Familie in einer Zeit des geistlichen Verfalls und Götzendienstes. Sogar die Kinder Israels folgten den Kulten der heidnischen Ägypter (Jos 24,14). Hesekiel beschreibt das Gericht Gottes über das Volk wegen seiner damaligen Rebellion gegen ihn (Hes 20,6-8). In solch einer Situation erzog Jochebed drei gottesfürchtige Kinder, von denen Mose der größte war. Die Eltern lebten das Vertrauen auf Gott vor. So wie es von ihnen heißt: „Sie fürchteten das Gebot des Königs nicht" (Hebr 11,23), wird von Mose gesagt, er „fürchtete die Wut des Königs nicht" (Hebr 11,27).

Diese Weitergabe des Glaubens von Eltern an Kinder ist besonders beeindruckend, wenn man die unnatürliche Trennung der Familie bedenkt. Obwohl diese Eltern das Leben ihres kleinen Sohnes auf sehr originelle Weise bewahrten und seine „Pflegeeltern" wurden (2. Mo 2,5-10), mußten sie ihn schon sehr früh für die ägyptische Prinzessin zur Adoption freigeben. Doch beachten Sie, wie sein Wandel mit Gott beschrieben wird:

„Durch Glauben weigerte sich Mose, als er groß geworden war, ein Sohn der Tochter Pharaos zu heißen, und zog es vor, lieber mit dem Volk Gottes Ungemach zu leiden, als den zeitlichen Genuß der Sünde zu haben, indem er die Schmach des Christus für größeren Reichtum hielt als die Schätze Ägyptens; denn er schaute auf die Belohnung. Durch Glauben verließ er Ägypten und fürchtete die Wut des Königs nicht; denn er hielt standhaft aus, als sähe er den Unsichtbaren. Durch Glauben hat er das Passah gefeiert und die Blutbestreichung ausgeführt, damit der Verderber der Erstgeburt sie nicht antastet" (Hebr 11,24-28).

Durch seine Erziehung in den ersten Lebensjahren war Mose darauf vorbereitet, die Regierung über eine der größten Nationen der Welt aufzugeben. Jochebed und Amram halfen ihm dabei, in einer fremden Umgebung alleine festzustehen. Seine höchsten Ziele waren nicht weltlicher Erfolg sondern ewige Schätze.

## Richtlinien für Kindererzieher

Die Erziehung eines Kindes erfordert ganzen Einsatz und harte Arbeit. „Aber ein sich selbst überlassener Junge macht seiner Mutter Schande. Züchtige deinen Sohn, so wird er dich erquicken und dir Freude machen" (Spr 29,15b.17). Gott inspirierte Mose, der gottesfürchtige Erziehung früh genossen hatte, um in 5. Mose 6,4-9 einige Geheimnisse aufzuzeigen, wie man junge Leute anleitet. Wir wollen vier Aspekte der Erziehung betrachten, die Mose betont.

### 1. Erzieher sollten geistliche Reife besitzen

Zunächst muß der Lehrer selbst geistliches Wachstum erleben. „Der HERR ist unser Gott, der HERR allein!", rief Mose aus. „Du sollst den HERRN, deinen Gott, lieben mit deinem ganzen Herzen und mit deiner ganzen Seele und mit deiner ganzen Kraft. Und diese Worte, die ich dir heute gebiete, sollen in deinem Herzen sein. Und du sollst sie deinen Kindern einschärfen" (5. Mose 6,4-7).

Wer Kinder wirkungsvoll anleiten will, braucht einen dynamischen, lebendigen Wandel mit Gott. „Die Gnade des HERRN aber währt von Ewigkeit zu Ewigkeit über denen, die ihn fürchten, seine Gerechtigkeit bis zu den Kindeskindern" (Ps 103,17). „Nur hüte dich und hüte deine Seele sehr, daß du die Dinge nicht vergißt, die deine Augen gesehen haben, und daß sie nicht aus deinem Herzen schwinden alle Tage deines Lebens! Und tue sie deinen Kindern und Kindeskindern kund!" (5. Mo 4,9).

Erziehung bedeutet, das eigene Lebensmuster an andere weiterzugeben. Welche Auswirkung die persönliche Beziehung der Eltern zu Gott auf die nächste Generation hat, wird durch die Untersuchung zweier Familiengeschichten in sehr anschaulicher Weise deutlich.

Die Max Jukes-Familie verkörpert das biblische Prinzip, daß sich die Sünde der Eltern auf die zweite und dritte Generation überträgt. 540 Nachkommen dieses atheistischen Hauses wurden gezählt und dabei kam folgendes Ergebnis heraus: 310 von ihnen starben als Bettler, 150 waren Kriminelle, sieben waren Mörder, 100 waren Alkoholiker und mehr als die Hälfte der Frauen waren Prostituierte. Seine Nachkommen kosten dem Staat 1,25 Millionen Dollar.

Im Gegensatz dazu untersuchte man 1.394 Nachkommen von Jonathan und Sarah Edwards, gottesfürchtigen Zeitgenossen von Max Jukes. Unter ihren Nachkommen zählte man eine große Zahl von Predigern, Missionaren, Schuldirektoren, Professoren, Richtern, Rechtsanwälten, Militär- und Marineoffizieren, berühmten Autoren, Beamten, Senatoren, Regierungsmitgliedern und einen Vizepräsidenten der Vereinigten Staaten von Amerika. Ihre Nachkommen kosteten dem Staat nichts.[1]

Wer dem HERRN dient, kann im Gebet die Verheißung in Anspruch nehmen, die Jakob gegeben wurde: „Ich werde meinen Geist ausgießen auf deine Nachkommen und meinen Segen auf deine Sprößlinge. Und sie werden aufsprossen wie Schilf zwischen Wassern, wie Pappeln an Wasserläufen" (Jesaja 44,3b-4).

## 2. Leiter müssen gründlichen Unterricht in der Schrift geben

Mose erinnert uns daran, daß wir nur lehren können, was wir selbst glauben. Er fährt fort und zeigt, wie wichtig dabei ein Plan ist. Gelernte Wahrheiten müssen systematisch weitergegeben werden. Mose setzt fort: „Du sollst sie deinen Kindern einschärfen" (5. Mo 6,7a). Gelegentliche oder unregelmäßige Andachtszeiten sind nicht mit sorgfältiger Belehrung gleichzusetzen. Ein ideales Programm erfordert regelmäßige Durchführung. Es gibt viel hilfreiches Material für christliche Familien.

## 3. Lehrer sollten die Schrift im Alltag verkörpern

Die systematische Unterweisung ist zwar notwendig, ihr Wert ist jedoch begrenzt, wenn sie nicht in zwanglosen Alltagssituationen vertieft wird. Mose fügt dem sorgfältigen Unterricht hinzu: „Du sollst davon reden, wenn du in deinem Hause sitzt und wenn du auf dem Weg gehst, wenn du dich hinlegst und wenn du aufstehst" (V. 7b). Das bedeutet, daß wir jeden wachen Augenblick lehren: zu Hause, außer Hause, vom Aufstehen am Morgen bis zum Niederlegen am Abend. Was immer wir tun, es muß beständig denselben Gedanken vermitteln. Alle Handlungen und Ereignisse sollten sich auf dieselben Lebensziele konzentrieren. Wiederholung und Abwechslung sind notwendige Lehrmethoden. Da das Leben eines Kindes viele Stunden des Spielens beinhaltet, ist es wichtig, das Spielen als Unterrichtsmittel zu verwenden.

### a) Musik und Bücher für das Kind

Ein großer Teil der Lebensanschauungen von Kindern wird durch Bücher und Musik geformt. Für kleinere Kinder sind Bilder genauso

---

[1] Shirley Price, God' s Plan for the Wife and Mother, 1973, Lektion 8.

bedeutsam wie die Worte selbst. Überprüfen sie alles Material sorgfältig. Manchmal kann man einfache Änderungen vornehmen. Ein ausgezeichnetes Buch über Väter hatte einen Haken: Der Vater rauchte oft eine Pfeife, wodurch der Eindruck vermittelt wurde, Rauchen wäre ein Zeichen der Reife und der Männlichkeit. Als alle Spuren von Pfeifen mit weißem Korrekturlack ausgelöscht waren, stellte es sich ohne jeden Vorbehalt als gutes Buch dar. Grundlegende Themen sollten ebenso beachtet werden wie Vorbildwirkungen. Messen Sie zeitgenössische Quellen mit biblischen Maßstäben. Lehrt die Geschichte fälschlicher Weise, daß der Zweck die Mittel heiligt? Verniedlicht die Geschichte die Macht des Bösen oder vermittelt sie den falschen Gedanken, daß irgendeine andere Macht außer Gott die Quelle des Glücks ist? Vergleichen Sie biblische Helden, wie David in seinem Kampf mit Goliath, mit weltlichen Helden. Während menschliche Supermänner den Wunsch nach Selbstherrlichkeit und eigener Stärke ansprechen, motivieren die wahren Helden dazu, auf Gott zu vertrauen anstatt auf sich selbst.

b) Familientraditionen

Traditionen zu haben, ist gut. Wir brauchen sie als Sicherheit und für soziale Kontakte. Und doch sind bestimmte Traditionen in sich nicht notwendiger Weise gut, tatsächlich sind viele sogar schädlich. Wir müssen lernen, den Erziehungseffekt abzuschätzen. Wenn eine Tradition eine unannehmbare Philosophie vermittelt, halten Sie nicht aus sentimentalen Gründen an ihr fest! Geben Sie sie auf und schätzen Sie die Freiheit, neue Traditionen zu entwickeln, die biblisch einwandfrei sind und der persönlichen Erbauung dienen. Traditionen sollten nicht von Jesus ablenken, sondern vielmehr seine Botschaft verstärken.

(1) Halloween (der Abend vor Allerheiligen, der vor allem im anglo-amerikanischen Sprachraum gefeiert wird; Anm. d. Übers.) ist zum Beispiel eine ausgezeichnete Gelegenheit, das Evangelium zu bezeugen. Es ist ein Abend im Jahr, an dem Fremde mit der Erwartung an die Türe klopfen, etwas zu bekommen. Es ist auch eine Sache, an der sich die ganze Familie beteiligt. Jeder kann mitmachen und helfen, die Süßigkeiten einzupacken und die Traktate bereitzulegen (sollen hauptsächlich die Erwachsenen ansprechen). Den kleinen Kindern kann man vorher erklären, daß viele Leute an die Türe kommen werden, in komische oder vielleicht auch traurige Kostüme gekleidet. Die Kinder können lernen, zu geben anstatt zu bestechen („*Trick or treat*" – mit dieser „Drohung" stehen die Gäste an der Tür und meinen damit, daß man ihnen etwas schuldet – *treat* – und Rache notfalls erlaubt ist – *trick*).

Anstatt sich auf Satans Reich von Hexen und Zwergen einzulassen, geben wir Jesus Christus den überragenden Platz. In unserem Haus lassen wir unsere Kinder an unsere Schlafzimmertüre klopfen und ausrufen: „Jesus ist Herr!" Wir überraschen sie mit einem kleinen Geschenk und ermutigen sie, einem Freund davon zu erzählen. Wenn sie mit einem Bruder oder Spielgefährten zurückkehren und die „magischen" Worte wiederholen, bekommen sie wieder eine Belohnung.

(2) Weihnachten und Ostern sind ausgezeichnete Gelegenheiten zu lehren. Satan hat jedoch einen klugen Weg, wie er die Wirkung unserer religiösen Feiertage abschwächen kann. Er verhindert nicht das Halten dieser Feiertage, sondern präsentiert Ablenkungen. Zu Weihnachten ist der Weihnachtsmann die Attraktion, zu Ostern ist es der Osterhase. Wie dem Weihnachtsmann, so werden auch dem Osterhasen göttliche Eigenschaften zugeschrieben, indem er in der Nacht vor Ostern wie durch ein Wunder in unzählbaren Häusern Körbe mit Süßigkeiten hinterläßt. Eine Begebenheit, die vor einigen Jahren stattfand, verdeutlicht die Botschaft, die eine Gruppe von Kindern, alle aus christlichem Elternhaus, vom Osterhasen vermittelt bekam. Zwei Grundschulkinder fragten ihren achtjährigen Cousin: „Der Osterhase wird uns morgen große Schokoladeneier bringen. Was wirst du morgen bekommen?" Ganz ernst erwiderte der jüngere Cousin: „O, ich hoffe, ich bekomme auch Schokoladeneier!" Er kniete tatsächlich nieder und betete: „Lieber Osterhase, bitte, bring' mir morgen auch Schokoladeneier! Danke, Amen."

So wie das Wunder der Jungfrauengeburt dadurch abgeschwächt wird, daß gleichzeitig gelehrt wird, das Märchen vom Weihnachtsmann sei wahr, so wird das Wunder der Auferstehung durch den Mythos des Osterhasen verkleinert. Hasen legen keine Eier, aber Eier haben eine religiöse Bedeutung. Das Osterei war schon 1500 Jahre vor dem Christentum ein heiliges Symbol in heidnischen Kulten. „Die Mythen der Hindus feiern das irdische Ei von goldener Farbe. In Japan sagen die Menschen, ihr heiliges Ei sei bronzener Farbe. In China werden, so wie in unserem Land, bis zum heutigen Tage bei heiligen Festen gefärbte oder bemalte Eier verwendet."[2]

Viele befürchten, daß ihren Kindern so mancher Spaß entgeht, wenn sie sich bei ihren Festen entschieden als Christen verhalten. Allerdings erleben viele Familien, daß das Gegenteil der Fall ist. Wenn die Freude

---

[2] Alexander Hislop, The two Babylons, 1959 (Loizeaux Brothers), S. 108-109

auf einer erdachten Geschichte beruht, so geht der Reiz verloren, wenn das Kind das „Geheimnis" lüftet. Wenn sich hingegen die Kreativität um die Person Jesu bemüht, vergrößert sich die Freude von Jahr zu Jahr. So werden Jung und Alt bereichert.

*4. Leiter handeln klug, wenn sie biblische Wahrheiten bildlich darstellen*

Leiter sollten nicht nur ihre persönliche geistliche Vitalität aufrechterhalten und die Kinder sowohl formel als auch informel lehren, sondern sie sollten auch anschauliche Illustrationen verwenden, um biblische Wahrheiten zu vertiefen. Mose schlägt uns zuletzt vor: „Du sollst sie als Zeichen auf deine Hand (*Handlungen*) binden, und sie sollen als Merkzeichen zwischen deinen Augen (*Gedanken*) sein, und du sollst sie auf die Pfosten deines Hauses (*beim Eintritt ins Haus*) und an deine Tore schreiben (*beim Verlassen des Hauses*)" (5. Mo 6,8-9; *Ergänzungen vom Autor*). Schlüsselverse aus der Bibel oder anregende Gedanken, die zu Hause sichtbar angebracht sind, können sich sehr zum Guten auswirken.

## Zusammenfassung

Kindererziehung ist eine der herausforderndsten christlichen Verantwortungen. Psalm 144,12 beschreibt das Traumziel: „Daß unsere Söhne seien gleich Pflanzen, die großgezogen wurden in ihrer Jugend (*reifer als ihr Alter*), unsere Töchter gleich Ecksäulen (*stützen andere*), geschnitzt nach der Bauart des Palastes" (*besitzen innere Schönheit und Wert*) (*Ergänzungen vom Autor*). Doch die Verheißung dieses Verses hängt von der Bedingung in Vers 11 ab: „Reiße mich heraus und errette mich aus der Hand der Söhne der Fremde, deren Mund Falschheit redet und deren Rechte eine Rechte der Lüge ist."

Reife entsteht, wenn man wie Mose lernt, in der Welt, aber nicht von der Welt zu sein. Weisheit kann man Kindern leider nicht einfach auferlegen. Jeder Mensch hat einen freien Willen. Wiedergeburt und geistliches Wachstum sind Dinge, die nicht aufgezwungen oder vererbt werden können (Joh 1,12-13). Gute Eltern bringen nicht unbedingt gute Kinder hervor (1. Sam 8,3), und Kinder eines schwachen Vormundes sind nicht notwendigerweise schlecht (1. Sam 3,19-21). Aber Leiter werden für die zur Verantwortung gezogen, die in ihrer Obhut stehen (1. Sam 3,13).

Eine gottesfürchtige Mutter trägt dazu bei, gottesfürchtige Nachkommen hervorzubringen (Mal 2,15). Unser Volk und die ganze Welt würden verändert werden, gäbe es mehr Mütter wie Jochebed.

# Ansporn, die Kinder zu lieben

*Studienblatt*

1. Das Wort Gottes fordert ältere Frauen dazu auf, Mütter zu ermutigen, ihre Kinder zu lieben (Titus 2,3). Wie kann eine ältere Frau Mütter ganz praktisch ermutigen?

   Wie kann eine jüngere Frau Mütter ermutigen?

2. Gehen Sie Sprüche 31 nochmals durch und arbeiten Sie die Eigenschaften der kostbaren Frau als Mutter durch. Welche Eigenschaften sind in Ihrem Leben momentan am meisten von Nöten?

3. Vergleichen Sie Sprüche 22,6 und Sprüche 29,15-17. Wie wichtig ist Erziehung?

4. Jesus ist ein Vorbild für ausgewogenes Wachstum (Lk 2,52). Nennen Sie für jeden der unten angeführten Bereiche des Wachstums mindestens zwei Gebetsanliegen für die gesunde Entwicklung eines Kindes!

Intellektuell

Physisch

Geistlich

Sozial

5. Wie kann man positive Charaktereigenschaften bei Kindern fördern?

6. Kennen Sie in Ihrer Nachbarschaft eine Alleinerzieherin, ein vaterloses Kind oder eine neue Familie persönlich? Beten Sie für diese Familie in dieser Woche täglich. Schlagen Sie in 5. Mose 14,29 nach und erklären Sie, welchen Segen Gott den Gläubigen verspricht, die den Fremden, Waisen und Witwen dienen.

# Ansporn, die Kinder zu lieben

*„Die jungen Frauen unterweisen ... ihre Kinder zu lieben, damit das Wort Gottes nicht verlästert werde."* (Titus 2,4.5)

„Mami, bitte schick' uns nicht wieder in die Schule!" bettelte mein zehnjähriger Sohn. „Könntest Du uns nicht Hausunterricht geben?" Sein ernster Blick mit seinen haselnußbraunen Augen sagte mir, daß es keine leichtfertige Bitte war. Ich mußte nicht nach dem Grund fragen. Als freiwillige Helferin in seiner Klasse im Vorjahr hatte ich es selbst gesehen. Er wurde bedrängt von einem niedrigen akademischen Niveau, Auflehnung gegen Autoritäten und einem antichristlichen Lehrplan. Er hatte im letzten Jahr tapfer ausgehalten, doch hatte er guten Grund, sich vor der Rückkehr dorthin zu fürchten.

War ich den Anforderungen gewachsen, drei Jungen zu Hause zu unterrichten? Konnte ich „meine" Zeit dafür opfern? Nach zehn Jahren konnte ich endlich alle meine Kinder in die Schule schicken. Der Bus würde sie morgens abholen und ich wäre den ganzen Tag frei. Man stelle sich nur die Stunden vor, die mir zum freiberuflichen Schreiben, für die Evangelisation und den Dienst für den Herrn in der Gemeinde zur Verfügung stünden. Wenn wir Hausunterricht machten, müßte dann ich meine Ziele aufgeben und wie ein einsamer Eremit leben?

Die Bitte meines Sohnes verfolgte mich tagelang in dem Tauziehen zwischen dem besten Wohl für meine Kinder und meinen eigenen Bedürfnissen. Eines Morgens schlug ich dann eine alte Ausgabe von *Moody Monthly*, einer christlichen Zeitschrift, auf. Ich wollte mich ein paar Minuten entspannen und die Zeitschrift durchblättern, bevor ich sie verstaute. Ein Artikel von Sue Welch über Hausunterricht erweckte meine Aufmerksamkeit. Mein Mann und ich waren beide ein Jahr zuvor von dieser Sache begeistert gewesen, doch war uns als Neuvermählten vom Hausunterricht abgeraten worden. Als neu verschmelzende Familie hatten wir uns in vieler Hinsicht einander anzupassen. Im Rückblick bin ich mir nicht sicher, ob das Wegschicken der Kinder zur Schule diesen Prozeß unterstützt hat. Jedenfalls konnte das Problem der Anpassung nicht länger als Ausrede dienen. Unser erstes Ehejahr war vollendet. Konnte ich zu Hause unterrichten, ohne meine persönlichen Träume aufs Spiel zu setzen?

Am Sonntag entdeckte ich in der Gemeinde eine andere Familie, die bereits auf zwei Jahre erfolgreichen Hausunterricht zurückblicken konnte. Als ich an ihrer Begeisterung Anteil nahm, gesellte sich eine ältere Frau aus der Gemeinde zu uns. Ihre blauen Augen leuchteten aus ihrem weißen Haar hervor, als sie meine Schultern berührte und mir zuflüsterte: „Meine Liebe, ich wünschte, ich hätte von der Möglichkeit des Hausunterrichtes gewußt, als meine Kinder klein waren. Wenn Sie im Vertrauen an die Sache herangehen, wird Gott Ihnen sicherlich ihre größten Träume erfüllen, während Sie Ihre Kinder erziehen." Ich beachtete ihren Rat.

Vier Jahre sind seither vergangen. Unser Familienleben ist nicht mehr durch unterschiedliche Stundenpläne zerstückelt. Die Jungen unternehmen nicht mehr alle Schulaktivitäten mit Außenstehenden, sondern wir machen faszinierende Ausflüge gemeinsam mit anderen Familien, die Hausunterricht praktizieren. Für meinen Mann und mich war es eine Herausforderung, mit den Jungen zu lernen. Daneben finde ich noch immer Zeit für mich. Kinder im Schulalter erfordern nicht eine ständige Beaufsichtigung wie jüngere Kinder. Sie sind imstande, selbständig zu lernen und sogar bei den Aufgaben der Familie mitzuhelfen. Mein vierzehnjähriger Sohn erlernte selbst das Maschineschreiben und half mir bei der Arbeit an diesem Manuskript. Er half sogar bei der Korrektur von Rechtschreibung und Grammatik!

Mein Dienst außer Hause hat zugenommen. Die Jungen haben mir dabei geholfen, japanischen Studenten Englisch zu lehren. Ich hatte gedacht, daß meine Entwicklung als Schriftstellerin langsamer sein würde, wenn die Jungen zu Hause blieben. Das erste von mir veröffentlichte Buch entstand hingegen als Resultat meiner Erfahrung mit dem Hausunterricht (*Teaching Reading At Home*). Ich habe weit mehr gewonnen, als ich geopfert habe, indem ich mich entschloß, meine Kinder zu Hause zu unterrichten.

Der negative Gruppenzwang und die humanistische Ordnung der öffentlichen Schulen hatten viel von unserem Einfluß auf die Jungen untergraben. Durch den Hausunterricht haben wir als Eltern wieder die Kontrolle in allen vier Hauptbereichen im Wachstum unserer Kinder erlangt: geistig, körperlich, sozial und geistlich.

Gottesfürchtige Frauen sollten bestrebt sein, junge Mütter zu ermutigen. Nicht in jedem Fall wird man zum Hausunterricht ermutigen, wie das die drei Frauen in meinem Fall taten. Die Ermutigung sollte aber darauf abzielen, den Kindern auf allen Gebieten der Entwicklung zu helfen.

# In welchen Bereichen sollen Kinder wachsen

Jesus war ein Vorbild für ausgewogenes körperliches, geistiges, geistliches und soziales Wachstum (Lk 2,52). Eltern und Erzieher sollten den Fortschritt eines Kindes in jedem dieser Bereiche beachten. Das Gebet könnte sich dabei gezielt auf schwache Bereiche konzentrieren.

*1. Körperliches Wachstum:* körperliche Bedürfnisse haben einen wichtigen, wenn auch nicht dauerhaften wert (1. Tim 4,8). Wenn jemand gesünder ist, weil er gewissenhaft beim Essen ist und regelmäßig Sport betreibt, wird er mehr Energie haben, um sich für den Herrn in geistlichen und praktischen Bereichen aufzuopfern. Ebenso ist man für die Ungläubigen ein besseres Zeugnis, wenn man gepflegt ist. Aber die Gefahr besteht immer, daß die körperlichen Bereiche unsere Zeit und Gedanken überbeanspruchen. Die Pflege des Körpers sollte nicht Selbstzweck sein, sondern ein Mittel, um den Herrn zu verherrlichen.

*2. Geistiges Wachstum:* „Die Furcht des HERRN ist der Anfang der Erkenntnis" (Spr 1,7b). Ein weises Kind wird lernen, alles Wissen am Wort Gottes zu messen (Ps 119,90-100). Es wird fähig sein, alle Dinge aus einer ewigen Perspektive zu betrachten (Hebr 11,1.2.13). Ein belehrbarer Geist ist ebenso ein Schlüssel für geistiges Wachstum wie Fleiß und Einsatzbereitschaft (Spr 13,1; 22,29). Wer gut lernt, wird fähig sein, die Fragen anderer zu beantworten und sie zu unterweisen, dem Herrn nachzufolgen (Ps 78,4-7).

*3. Geistliches Wachstum:* Jesus nahm an Gunst zu bei Gott und den Menschen. Geistliches Wachstum fördert die Fähigkeit, mit Menschen auszukommen. Die geistlichen Hauptziele werden unter anderem die Bekehrung in einem frühen Alter beinhalten. Obwohl wir nicht anstelle des Kindes entscheiden können (Joh 1,13), können wir dafür beten, daß Gott die nötige Weisheit geben wird, das Evangelium zu verstehen. Gott verspricht: „Ich liebe, die mich lieben; und die mich früh suchen, finden mich" (Spr 8,17). Dies sollte das Kind motivieren, zu denken „an deinen Schöpfer in den Tagen deiner Jugendzeit, bevor die Tage des Übels kommen" (Pred 12,1a). Noch einen Vers können wir für Kinder in Anspruch nehmen: „Denn meine Hoffnung bist du, Herr; Herr, meine Zuversicht von meiner Jugend an. Auf dich habe ich mich gestützt von Mutterschoße an, vom Mutterleib hast du mich entbunden; dir gilt stets mein Lobgesang" (Ps 71,5-6).

Zu den Versen, auf die wir uns zum Thema Jüngerschaft und christliches Wachstum berufen können, gehört Jesaja 54,13: „Und alle deine Kinder werden von dem Herrn gelehrt, und der Friede deiner Kinder wird groß sein." Beten Sie auch dafür, daß die Kinder schon in frühem Alter ein gutes Verständnis des Wortes Gottes (Josua 8,35), ein Herz der Anbetung und einen dankbaren und fröhlichen Geist bekommen (Psalm 148,12-13).

*4. Soziales Wachstum:* viele scheuen den Hausunterricht, weil sie in falscher Weise um die soziale Entwicklung ihres Kindes besorgt sind. Doch kann das Problem des Gruppenzwanges, der durch unnatürlich einheitliche Altersgruppen genährt wird, die gesunde persönliche soziale Entwicklung hindern.

Gregg Harris erklärt in dem Buch *Schooling Choices:*

Leute, die Hausunterricht geben, glauben, daß soziales Lernen, das nicht in alters- und reifemäßig gemischten Gruppen erfolgt, nur von begrenztem Wert ist. Es verzerrt die Realität, wie Gott sie geschaffen hat. Wenn sich ein Kind nicht mehr nach der Reife seiner Eltern oder älteren Geschwister ausstreckt, wird seine Ausrichtung horizontal werden. Er wird gruppenorientiert und allmählich gruppenabhängig. Er hört auf, erwachsen zu werden, denn erwachsen zu werden, ist nicht mehr nötig, um beliebt zu sein. Im Gegenteil, erwachsen werden zu wollen, kann den sozialen Status in der Schule zerstören.

Gott stellt Kinder, auch wenn sie scharenweise zu kommen scheinen, in eine Familie mit grundsätzlich gleichmäßig verteilten Altersstufen. Das Kind muß denen Antwort geben, die älter und klüger sind. Es ist auch verantwortlich für die Jüngeren oder Schwächeren. Das ist der Rahmen, in dem das heranwachsende Kind am besten die Fähigkeiten des sozialen Umganges erlernen kann: das ist die reale Welt.[1]

„Wer mit Weisen umgeht, wird weise; aber wer sich mit Toren einläßt, dem wird es schlecht gehen" (Spr 13,20).

Wichtige Elemente der sozialen Entwicklung sind Respekt für andere (3. Mose 19,32), Gehorsam und Achtung den Eltern gegenüber (Eph 6,1-3), höfliches Benehmen (Ps 101,2a) und ein Geist des Vergebens. „Die Einsicht eines Menschen macht ihn langmütig, und sein Ruhm ist es, an der Übertretung vorüber zu gehen" (Spr 19,11).

---

[1] Gregg Harris, Schooling Choices – An Examination of Private, Public and Home Education, 1988 (Multnomah Press, Portland, USA), Seite 215

Entscheidende Tugenden sind für viele Anerkennung und Beliebtheit. Und doch müssen gottesfürchtige Personen lernen, wenn nötig auch eigene Überzeugungen zu haben – richtige Entscheidungen auch bei negativem Druck zu treffen.

Kinder zu erziehen erfordert Arbeit und Weitblick. Im Gebet kann man für viele Eigenschaften eines ausgewogenen Wachstums eintreten. Eltern oder Erzieher von Kindern sollten für ihre Kleinen große Dinge fordern. Ein großer Gott schätzt große Bitten (Jer 33,3; Eph 3,20).

## Mütter ermutigen

Eine gottesfürchtige Frau sollte in jeder Phase des Lebens um das Wohl von Kindern besorgt sein. Obwohl nur ein Teil des Lebens einer Frau – wenn überhaupt – aktiv mit der Erziehung von Kindern zu tun hat, sollte ein wesentlicher Teil des Dienstes einer reifen Frau darin bestehen, Mütter zu ermutigen. Die Jugend ist die Zukunft, und wir alle teilen die Verantwortung, unsere wertvollsten Schätze zu pflegen. Mütter brauchen so viel Ermutigung durch die christliche Gemeinschaft wie nur möglich. Wenn wir versagen, die jungen Mütter zu lehren, ihre Sprößlinge zu lieben, wird der Herr verunehrt.

Wie kann eine Frau Mütter lehren, ihre Kinder zu lieben? Worte können ein mächtiges Mittel der Ermutigung sein. Ein Kompliment kann viel erreichen, um die Stimmung einer Mutter zu heben (Spr 25,11). Achten Sie darauf, Charaktereigenschaften zu loben (z.B. „Ihr Kind war heute höflich"), anstelle nichtige Bemerkungen zu machen: „Er ist so süß." Lernen Sie, das Potential eines Kindes für Gott einzuschätzen, auch wenn es kein ideales Kind ist. Wenn eine Mutter einen „Schlingel" hat, muß man sie wahrscheinlich nicht an seine Probleme erinnern. Dafür braucht sie Anregungen, wie man seine schlechten Anlagen ändern kann. Eine Lehrerin in der Sonntagsschule trat liebevoll an die Mutter eines schwierigen Kindes in ihrer Gruppe heran und sagte: „Ihr Sohn hat wirkliche Führungseigenschaften. Was könnten wir gemeinsam unternehmen, um diesen Einfluß in positiver Weise für alle nutzbar zu machen?" Mütter brauchen Leute, die sie unterstützen und nicht kritisieren.

Eine andere Möglichkeit, Mütter zu ermutigen, ihre Kinder zu lieben, besteht darin, ihnen ganz praktisch Liebe zu erweisen. „Ich habe solche Freude mit Ihren Kindern", sagte eine aufmerksame Freundin zu einer überarbeiteten Mutter. „Kann ich nächste Woche mit den Kindern einen Nachmittag verbringen und Ihnen dadurch eine Abwechslung verschaffen?" Indem sie sich anbot, die Kinder zu übernehmen, hat diese Frau der Mutter in zweierlei Hinsicht geholfen. Erstens wurde ihre Stellung als Mutter gehoben. Jemand war bereit, ihre Verantwortung mitzutragen. Und zweitens würde sie nach einer Erholungspause erfrischt sein. Leiter von Kindergruppen, Babysitter, Musiklehrer und Kindermitarbeiter können ganz praktisch die Liebe zu Kindern fördern, indem sie zu ihrer Erziehung beitragen.

Ermutigen Sie Mütter, indem Sie sie mit gutem Hilfsmaterial versorgen. Geben Sie gute Bücher über Kindererziehung oder gute Unterlagen für die Kinder selbst weiter. Tragen Sie mit persönlichen Fähigkeiten bei. Ich habe zum Beispiel Kenntnisse, Lesen zu unterrichten. Ich glaube, daß ich Mütter dazu ermutigen kann, ihre Kinder zu lieben, indem ich ihnen helfe, ihren Kindern das Lesen beizubringen.

Unterstützen Sie Familien durch Fürbitte. Eine Frau, die keine eigenen Kinder hat, kann Kinder „adoptieren", um speziell für sie zu beten. Dies könnten besonders Kinder aus Familien mit nur einem Elternteil sein oder solche, die in anderer Hinsicht besondere Nöte haben.

## Zusammenfassung

Die Herausforderung für Christen liegt darin, in einer gottlosen Welt zu leben und anhand von alltäglichen Erfahrungen christliche Wahrheiten zu vermitteln. Obwohl die Hauptverantwortung für kleine Kinder bei den Eltern liegt, sind alle Christen dafür verantwortlich, die Eltern zu ermutigen und gottwohlgefällige Erziehung zu fördern. Die christliche Gemeinde dient als erweiterte Familie. Ungeachtet der eigenen Stellung (Kindermitarbeiter, Babysitter, Tante, Mutter, Großmutter, Ratgeber oder Freund) sollte die Erziehung von Kindern ein bewußtes persönliches Ziel sein.

Lernen Sie, alles im Hinblick auf Erziehungsziele und langfristige Auswirkungen zu beurteilen. Kreative Alternativen zu den negativen modernen Methoden zu erfinden oder zu entdecken, ist herausfordernd und lohnend. Die Aussicht darauf, an der Entwicklung von Männern und Frauen beteiligt zu sein, die reifer sind als ihr Alter, macht den Aufwand der Mühe wert.

# Sara – ein Vorbild für Reinheit

*Studienblatt*

1. Was wissen wir über Saras Aussehen (1. Mo 12,10-15)?

2. Lesen Sie 1. Petrus 3,1-6 und beantworten Sie folgende Fragen: Wie sollen wir Sara nachahmen (siehe auch Hebr 11,11)?

   Werden gottesfürchtige Frauen durch diesen Abschnitt bestärkt, häßlich oder schlecht gekleidet zu sein?

   Wie kann sich ein bescheidenes und reines Leben auf einen Ehemann auswirken, der ohne Gemeinschaft mit Gott lebt?

3. Geben Sie 1. Thess 4,3-6 mit eigenen Worten wieder.

4. Beschreiben Sie Bescheidenheit.

Welche Vorteile hat Bescheidenheit:

– für die Frau selbst?

– für die Gemeinde?

– für das Zeugnis vor Ungläubigen?

5. Worin unterscheidet sich Gottes Begriff von Schönheit von dem der Welt (Spr 11,22)?

6. Überprüfen Sie Ihr eigenes Leben. Wie können Sie durch Ihre Erscheinung und Ihr Verhalten in Ihrem Umfeld Gott besser vorstellen?

# Sara – ein Vorbild für Reinheit

*„Byssus und roter Purpur ... Kraft und Hoheit sind ihr Gewand, und unbekümmert lacht sie dem nächsten Tag zu.* (Spr 31,22b.25)

Saras Schönheit bezauberte Männer. Sie wird in der Bibel als „sehr schön" und „von schönem Aussehen" beschrieben. Ihre blendende Erscheinung war für ihren Ehemann Abram Anlaß, um sein Leben zu fürchten, als sie in ein fremdes Land reisten. Andere Männer könnten ihn erschlagen, um sie für sich zu gewinnen (1. Mose 12,10-15). Ein ägyptischer Herrscher begehrte Sara sogar, als sie 90 Jahre alt war (1. Mose 20,1-18).

Wir werden aufgefordert, ihr nachzueifern. „Deren Kinder ihr geworden seid, indem ihr Gutes tut und keinerlei Schrecken fürchtet" (1. Petr 3,6b). Bedeutet dies, daß wir verführerisch, sinnlich und schön sein müssen, um geliebt zu werden? Die Werbung pflanzt solche Vorstellungen in unser Denken. Kaufe ihr Produkt und du wirst bekommen, was dein Herz begehrt! Wir sehnen uns nach Komplimenten für unser Aussehen. Wir verbringen Stunden damit, das perfekte Kleid zu finden, unsere Haare in Ordnung zu bringen und das Make-up aufzutragen. Wir kaufen Parfüm, das uns verspricht, Männer zu fesseln. Saras Vorbild widerlegt einige falsche Vorstellungen von wahrer Schönheit.

## Gott wohlgefällige Schönheit kommt aus dem Inneren

Hübsche Kleider und sorgfältige Pflege sind nichts Falsches. Wie Sara kümmerte sich auch die Frau in Sprüche 31 um ihr Aussehen, aber ihr Vertrauen ruhte nicht auf Äußerlichkeiten. Sie gewann die Anerkennung anderer durch ihre inneren Qualitäten.

Die Ermahnung, Sara nachzuahmen (1. Petr 3,6), kann sich nicht auf Merkmale beziehen, die wir nicht in der Hand haben. Viele sind körperlich nicht schön und werden es auch nie sein. Künstliche Versuche, die Realität zu verdecken, werden nichts daran ändern. Aber es gibt eine Möglichkeit, wie wir alle Sara nachahmen können. Die Schrift erklärt:

„Euer Schmuck sei nicht der äußerliche durch Flechten der Haare und Umhängen von Gold oder Anziehen von Kleidern, sondern der verborgene Mensch des Herzens im unvergänglichen Schmuck des sanften und stillen

Geistes, der vor Gott sehr köstlich ist. Denn so schmückten sich auch einst die heiligen Frauen, die ihre Hoffnung auf Gott setzten und sich ihren Männern unterordneten: wie Sara dem Abraham gehorchte und ihn Herr nannte, deren Kinder ihr geworden seid, indem ihr Gutes tut und keinerlei Schrecken fürchtet" (1. Petr 3,3-6).

Heute, viertausend Jahre später, können wir uns nur vorstellen, wie Sarai (später Sara genannt) ausgesehen haben mag. Es gibt keine Bilder, die ihre Schönheit festgehalten haben. Die Ausstrahlung ihres Gesichtes ist verblaßt. Ihr Körper ist verfallen, und sie bleibt in erster Linie wegen ihres gottesfürchtigen Wandels in Erinnerung. „Durch Glauben empfing auch selbst Sara Kraft, einen Samen zu gründen und zwar über die geeignete Zeit des Alters hinaus, weil sie den für treu achtete, der die Verheißung gegeben hatte" (Hebr 11,11).

## Sittsamkeit ist nicht gleich Häßlichkeit

Manche haben die Absicht der Verse in 1. Petrus 3 mißverstanden und gelehrt, daß gottesfürchtige Frauen keinerlei Make-up tragen dürfen, ihre Kleider schwarz oder farblos und ihre Haare unscheinbar sein müssen. Schmuck sei für sie nicht zulässig, nicht einmal ein Ehering. Sie setzten Sittsamkeit fälschlicherweise gleich mit Eintönigkeit, Häßlichkeit oder Schlamperei. Eine christliche Frau sollte jedoch bestrebt sein, Gott in dieser Welt zu repräsentieren.

Saras Attraktivität kam nicht durch künstliche Mittel wie exotische Frisuren, teuren Schmuck oder sinnliche Kleider. Die Quelle ihrer Schönheit übertraf alle von Menschen gemachte Kleidung. Sie schmückte sich innerlich mit der unvergänglichen Eigenschaft eines sanften und stillen Geistes, welcher vor Gott köstlich ist (1. Petr 3,3-6a).

Sara war hübsch und attraktiv, aber ihre bleibende Anziehungskraft kam in erster Linie von einem inneren Wandel mit Gott, der ihre äußere Erscheinung durchdrang, ihr Gesicht sanft machte und ihr eine liebliche Ausstrahlung verlieh. Christliche Frauen, die Saras Beispiel folgen wollen, müssen ein heiliges, abgesondertes Leben führen, damit sie andere lehren können, besonnen (vorsichtig in ihrem Reden und Tun) und rein (sittsam und keusch) zu sein, damit das Wort Gottes nicht verlästert wird (Titus 2,3-5).

## Töchter Saras repräsentieren Gott vor der Welt

Gott ist eine künstlerische Persönlichkeit – der Schöpfer von Farben, reicher Vielfalt und wohlgeordneten Mustern. Er schuf die Blumen des Feldes und verwendete vielerlei Farbmischungen – dunkle Töne, helle Pastellfarben oder Kombinationen der beiden. In der Bergpredigt vergleicht Jesus die Lilien des Feldes mit der Kleidung, die er uns geben möchte (Matth 6,28-39).

Der Gott des Universums ist kein Gott der Unordnung. Eine Frau bekundet seinen Charakter, wenn sie so gut wie möglich auf gepflegte Haare und Nägel, eine attraktive Figur und hübsches Aussehen achtet.

Weil Gott ein heiliger Gott ist, sollten wir dafür sorgen, seinen heiligen Charakter mit geschmackvollen Farben und sittsamer Kleidung abzubilden. Als Frauen haben wir die Wahl, die Aufmerksamkeit entweder auf unseren weiblichen Körper durch aufreizende oder freizügige Kleidung oder auf unsere Seele zu lenken, indem wir unserem Antlitz Ausdruck verleihen. Die Liebe Gottes wird von einer Frau verkörpert, wenn sie ihre sinnlichen Kräfte unter Kontrolle hält, während sie ihr Leben dafür verwendet, andere zu stärken (Röm 12,1). Eine Frau in Reinheit kann andere zum Heiland ziehen (1. Petr 3,1-2).

## Töchter Saras erkennen die Notwendigkeit der Sittsamkeit

Eine unanständige Frau kann andere versuchen oder betrügen, indem sie mit Dingen lockt, auf die sie kein Recht haben. Die Gegenwart einer Frau sollte aufrichten und erbauen und nicht als Fallstrick dienen. Manchmal bringen Frauen Männer unbedachterweise zu Fall, weil sie nicht verstehen, was ihnen Probleme bereiten kann.

Womit wird ein Bruder versucht, unreine Gedanken zu hegen? Um diese Frage beantworten zu können, wurde ein Querschnitt von christlichen Männern befragt. Aus einer breiten Auswahl wurden anonyme Teilnehmer ausgewählt: Singles, Verheiratete, Junggläubige, Gemeindeleiter, Teenager und Großväter. Es ergab sich ein erstaunlich einheitliches Bild von ihren Meinungen. Im folgenden finden sich einige der Ergebnisse:

*1. Perspektive des christlichen Mannes*

Gottesfürchtige Männer denken anders, als in der Welt gelehrt wird. Im Gegensatz zu dem Bild von Männern, die sich an einem Anblick weiden, sind christliche Brüder um die Reinheit ihrer Gedanken besorgt. Sie wünschen sich, fähig zu werden, „das Gesicht einer Frau und nicht ihren Körper zu studieren". Die Männer wollen „mehr Schwestern im Herrn und weniger Objekte", und sie loben die Frauen, die „Rücksicht auf den Seelenfrieden des Mannes nehmen". Einer faßt den Wunsch vieler zusammen, indem er seine Hoffnung ausdrückt, daß „die Frauen erkennen, wie leicht sie Männer durch die Art ihrer Kleidung und ihres Verhaltens zum Straucheln bringen können." Er wünscht sich „Feingefühl und die Bereitschaft, aus Rücksicht auf Männer auf Rechte zu verzichten".

Die befragten Männer waren der Meinung, daß Frauen in diesem Bereich Unterweisung benötigen. Ein Bruder bemerkt: „Es wäre gut, wenn die älteren Frauen die jungen Mädchen berieten." Manche erwähnten die Notwendigkeit, daß Frauen „ein Bewußtsein dafür entwickeln, was ablenkend und was sittsam ist," und beobachteten, daß „manche ältere Frauen mit Leitungsaufgaben selbst noch Beratung nötig hätten." Manche gaben zu, daß sich einige christliche Schwestern, ohne es zu wissen, wie Huren kleideten.

## 2.  Die Macht von optischen Reizen

Gott schuf Mann und Frau verschieden. Er schuf den Mann, daß er beim Anblick des Körpers einer Frau erregt wird, und die Frau, daß sie durch seine Erregung stimuliert wird. Er möchte schauen, sie möchte verlocken. Innerhalb der Ehe sollte die visuelle Anziehung beiden Freude bereiten. Doch sollte Kleidung, die den weiblichen Körper sexuell betont, für das Schlafzimmer reserviert sein. Außerhalb der Ehe ist sexuelle Verführung sündhaft. Jesus warnt Männer, daß Begierde gleich der Sünde des Ehebruchs ist (Matth 5,27-28). Deshalb ist es wichtig, daß eine Frau in der Öffentlichkeit sittsam bleibt, während es ihr freisteht, sich im Privatbereich für ihren Mann darzustellen.

## 3.  Die Versuchung betrifft alle

Jeder Mann kann versucht werden. Obwohl ein reifer christlicher Mann geistliche Mittel weiß, um unreine Gedanken zu bekämpfen, ist er doch noch für Versuchung anfällig. Viele haben wegen eines unreinen Gedankenlebens die geistliche Kraft verloren. Wir sollten rücksichtsvoll sein und daran denken: „Die Augen des Menschen werden nicht satt" (Spr 27,20b).

## 4.  Falschverstandene Lust

Viele Frauen sind der irrigen Meinung, Begehren sei eine schmeichelnde Aufmerksamkeit. Eine Frau kann von dem Gedanken getäuscht sein, sexuelle Anziehung sei ein Resultat ihres Wertes als Person. Jede Frau kann das Objekt von Lust sein. Schönheit ist nicht nötig, Männer können von unattraktiven Frauen versucht werden. Persönlicher Wert ist nicht nötig, ein unzüchtiges Foto einer Fremden kann einen Mann erregen.

Sexuelle Erregung ist nicht der Weg, um Liebe zu erzeugen. Mit sexueller Kraft kann man manche Männer für eine gewisse Zeit an sich ziehen, aber sie kann keine tiefe Beziehung aufrechterhalten.

## Zusammenfassung

Als Frauen müssen wir um Führung des Heiligen Geistes beten, wenn wir unsere Garderobe auswählen. Prüfen Sie jede Kleidung mit der Frage: „Worauf wird die Aufmerksamkeit gelenkt?" Entscheiden Sie sich für Farbkombinationen und Schnitte, die das Auge auf das Gesicht lenken, auf das Tor zum Inneren. Vermeiden Sie Kleidungsstücke oder Schminke, die aufdringlich sind oder die Aufmerksamkeit von dem inneren Menschen ablenken (1. Tim 2,9). Ein ehrbarer Kleidungsstil betont einen gottesfürchtigen Charakter.

# Zur Reinheit ermutigen
*Studienblatt*

1. Vergleichen Sie die Frauen in Sprüche 7 und Sprüche 31.

|  | Spr 7,5-27 | Spr 31,10-31 |
|---|---|---|
| Moralische Werte |  |  |
| Kleidung |  |  |
| Sprache |  |  |
| Beziehung zu Gott |  |  |
| Lebensziele |  |  |
| Wirkung auf andere |  |  |

2. Notieren Sie Ausdrücke in Sprüche 5,18.19, die auf die vertraute Freude hinweisen, die Gott für Verheiratete bereitet hat.

Wie versucht Satan, diese Erfahrungen zu verzerren (Spr 5,15-20)?

Warum ist es wichtig, daß sexuelle Vertrautheit der Ehe vorbehalten bleibt (1. Kor 6,18-20)?

3. Obwohl in der Schrift die Ehe geachtet wird (1. Kor 7,2-6), gibt es Vorteile für Unverheiratete (1. Kor 7,28-40). Welche und warum?

4. Die Frau in Sprüche 7 kleidete sich wie eine Hure (V.10). Wie ist eine Hure gekleidet?

Welche Verantwortung haben christliche Frauen im Hinblick darauf, daß Männer sündigen, wenn sie eine andere Frau begehrlich ansehen (Mt 5,27-28)?

5. Warum lassen Frauen Unreinheit zu? Nennen Sie Rechtfertigungen für Unanständigkeit und Unsittlichkeit, die sie gehört haben. Welche Schriftstellen können Sie nennen, mit denen man den „glatten Worten" widerstehen kann?

6. Erklären Sie, welche Vorteile ein reines, tugendhaftes Leben hat.

# Zur Reinheit ermutigen

*„Die alten Frauen in der Haltung, wie es der Heiligkeit geziemt ... damit sie die jungen Frauen unterweisen können, ... rein zu sein, damit das Wort Gottes nicht verlästert wird.* (Titus 2,3-5)

Eine ältere Frau, eine Patientin in einem Pflegeheim, besaß nur wenig Schmuck, den man mit weltlicher Schönheit in Verbindung bringt. Ihr Gesicht war von Falten zerfurcht, während sie mit Krebs im Sterben lag. Aber eine Sanftheit des Geistes erweichten die Spuren der Zeit. Ihr hellblaues Nachtgewand hatte die Farbe ihrer blauen Augen, die aufblitzten, als sie von ihrem Heiland sprach.

Mein erster Ehemann, ein junger Mediziner, der als freiwilliger Helfer in der Anstalt arbeitete, kam in ihr Zimmer. Nach 20 Minuten in ihrer Gegenwart war er von ihrem strahlenden Gesicht so beeindruckt, daß er bekannte, selten einer so schönen Frau begegnet zu sein. Er fuhr 80 Kilometer, um mich, seine junge Braut, zu holen und dieser Fremden vorzustellen, die sein Herz gefesselt hatte. Gemeinsam stimmten wir darin überein, daß ein gealterter Körper die innere Wärme nicht zerstören konnte, die aus dem Gesicht hervorstrahlte. Ihre Schönheit stammte von einem reinen Leben, das im Dienst für andere ausgegossen wurde. Jahre nach ihrem Hingang zum Herrn hält die Erinnerung an sie noch an. Die Auswirkung ihres Lebens ist noch immer ein Segen.

Im nächsten Bett derselben Pflegeanstalt verkörperte eine Patientin einen anderen Lebensstil. Rotgefärbte Haare umgaben ein stark geschminktes Gesicht. Der dick aufgetragene blaue Lidschatten konnte die tiefen, harten Linien rund um ihre Augen nicht verbergen. Große Ohrringe an ihren Ohren und ein tief ausgeschnittenes, durchsichtiges Nachthemd zeigte häßliche faltige Haut. Einst eine Frau von äußerer Schönheit, war ihre Figur jetzt widerlich wie eine verwelkte Blume in stinkendem Wasser. Sie fuhr die Schwestern mit bitterer und feindseliger Stimme an. Nichts schien ihr zu passen. Die anderen mieden ihre Gesellschaft.

## Vergleich zweier Frauen im Buch der Sprüche

Als ich diese beiden Frauen verglich, mußte ich mich fragen, wie ihr Leben in früheren Tagen ausgesehen haben mag. Wie waren sie in ihrer

Jugend? Sie erinnerten mich an zwei verschiedene Frauentypen im Buch der Sprüche.

Die Frau in Sprüche 31 setzt ihre Kräfte, wie die erste Frau im Pflegeheim, für ihr inneres Wesen und ihren Wandel mit Gott ein. Die andere Frau im Buch der Sprüche lebt ein sinnliches Leben. Mit ihrer Kraft lockt sie Männer an, „aber zuletzt ist sie bitter wie Wermut, scharf wie ein zweischneidiges Schwert. Ihre Füße steigen hinab zum Tod" (Spr 5,4-5). Die zwei Frauenbilder ergeben einen wertvollen Kontrast. Männer wurden zu beiden hingezogen, aber aus unterschiedlichen Gründen und mit verschiedenen Konsequenzen.

| Spr 7 *die sinnliche Frau* | Spr 31 *die gottesfürchtige Frau* |
|---|---|
| unsittlich, gewöhnlich, billig | tugendhaft, selten, wertvoll (5) |
| kleidet sich wie ein Hure (10) | bekleidet mit Würde (25) |
| listig, gebraucht andere (10) | hilft anderen (20) |
| laut und herausfordernd | zufrieden, verantwortungsvoll |
| bleibt nie zu Hause (11) | Hausfrau (27) |
| will mit Religion Falschheit verbergen (17) | fürchtet den Herrn (30) |
| abhängig von sinnlichen Lockmitteln (17) | baut auf inneres Wachstum (30) |
| lebt für den Augenblick (18) | zukunftsorientiert (25) |
| betrügerisch (19) | vertrauenswürdig (11) |
| verleitet mit glatten Reden (21) | spricht mit Weisheit (26) |
| belästigt und zerstört starke Männer (26) | stärkt und fördert starke Leiter (23) |
| bereitet kurzfristiges Vergnügen (18), aber ist | segnet das Leben anderer (28) |
| letztlich zerstörerisch (27) | bringt Gutes und nicht Böses (12) |

## Sexualität aus der Sicht Gottes

Die reine Frau erkennt Gottes Plan für Intimität an. Er schuf in göttlicher Weise den sexuellen Ausdruck der Liebe als Verbindungsglied zwischen Mann und Frau, die körperlich ausdrücken, daß sie zwei geistlich vereinte Herzen sind (Eph 5,31). Der Mann soll seine Frau lieben wie sich selbst, und die Frau soll ihren Mann achten (Eph 5,33). Diese Verbindung ist die feinste aller menschlichen Beziehungen. Folglich hat Gott die körperliche Vereinigung in der Ehe so geschaffen, daß sie eine aufregende Erfahrung ist, ein kostbarer, vertraulicher und einzigartiger Ausdruck gegenseitiger

Hingabe. Eine verheiratete Frau braucht vor ihrem Mann nicht schüchtern zu sein. Ihr Körper gehört ihm (1. Kor 7,2-5) und ist dazu bestimmt, Segen, Freude, Befriedigung und Aufmunterung zu schenken (Spr 5,15-19). „Die Ehe sei ehrbar in allem, und das Ehebett unbefleckt" (Hebr 13,4).

## 1. Mißbrauch der Sexualität

Heilige Dinge können mißbraucht werden, und Sexualität ist keine Ausnahme. Wir leben in einer Zeit, in der jeder sofort Befriedigung seiner Bedürfnisse will; wenn man aber diese Gabe überstürzt ergreifen will, beraubt man sie ihrer Schönheit. Gott schuf Sexualität nicht zum persönlichen Vergnügen auf Kosten anderer. Außerhalb der Ehe wird die sexuelle Begeisterung von einer hohen und geheiligten Erfahrung zu einem flüchtigen Ausprobieren abgewertet, und man bleibt schuldbewußt, leer, verletzbar und enttäuscht zurück. Eine Frau, die ihren Körper zur Schau trägt, vermindert ihre Schönheit. Sprüche 11,22 erklärt: „Ein goldener Ring in der Nase eines Schweines, so ist eine schöne Frau ohne Anstand".

## 2. Das Vorübergehende der Sexualität

Obwohl in der Ehe befriedigend, ist die Sexualität nicht die höchste Freude. Die menschliche Ordnung der Ehe ist nur für dieses Leben. „Die Zeit ist begrenzt", warnt der Apostel Paulus, „daß künftig die, die Frauen haben, seien als hätten sie keine ... denn die Gestalt dieser Welt vergeht" (1. Kor 7,29.31). Sexualität ist ein zeitliches Vergnügen. Nur eine tiefe persönliche Beziehung mit dem Herrn Jesus Christus schenkt volle Befriedigung (Ps 73,25-26). Daher sollte unser Hauptziel sein – ob wir verheiratet, allein oder wieder allein sind – uns vorzubereiten, eines Tages Seine Braut zu sein, „eine verherrlichte Gemeinde, die nicht Flecken oder Runzel oder etwas dergleichen habe, sondern daß sie heilig und tadellos sei" (Eph 5,27). Der unverheiratete Christ hat den Vorteil, frei zu sein und sich ungeteilt auf den Herrn konzentrieren zu können (1. Kor 7,7-9.32-34).

# Wie man Ausreden für Unzucht und Unreinheit entkräftet

Satan ist ein Lügner und der Vater aller Lüge. Er bewog Eva zu dem Gedanken, daß Gott Vergnügen und Befriedigung vorenthalten wollte, als er eine bestimmte Frucht verbot. Satan ist heute noch damit beschäftigt, Zweifel an Gottes Liebe in unsere Gedanken zu säen. Sehen wir uns anhand des Wortes an, wie Gott den Angriffen Satans auf sittsame Kleidung und reinen Wandel begegnet.

*1.* *„Alle machen es"*

Die tugendhafte Frau, von der in Sprüche 31 gesprochen wird, ist selten. Eine Frau kann wählen, ob sie ein kostbarer Edelstein oder ein wertloses Schmuckstück aus einem Trödlerladen ist. Christen werden aufgefordert, „nicht gleichförmig dieser Welt" zu sein (Röm 12,2) und weiter: „... daß ihr nicht mehr wandelt, wie auch die Nationen wandeln ... wegen der Unwissenheit, die in ihnen ist ... und sie haben sich selbst der Ausschweifung hingegeben" (Eph 4,17-19). Die Schönheit der Erfahrung, ein Fleisch zu sein, wurde nicht zum Ausprobieren außerhalb des Ehebundes geschaffen.

*2.* *„Alle werden denken, ich bin ein Spießer"*

Wir sollen Leute sein, die den Ton angeben, und nicht Roboter, die den Launen der Modeschöpfer oder Fernsehstars ausgeliefert sind. Wir sind verantwortlich, „ein Vorbild der Gläubigen ... in Reinheit" zu sein (1. Tim 4,12).

*3.* *„Ich kann tun, was ich will"*

Wahre Freiheit ist Selbstbeherrschung, wenn man zur Sünde versucht wird. „Sie versprechen Freiheit, während sie selbst Sklaven des Verderbens sind; denn von wem jemand überwältigt ist, dem ist er auch als Sklave unterworfen" (2. Petr 2,19). Wer wahre Freiheit besitzt, nimmt auf die Rechte anderer Rücksicht. „Denn ihr seid zur Freiheit berufen worden, Brüder, nur gebraucht nicht die Freiheit als Anlaß für das Fleisch, sondern dient einander durch die Liebe" (Gal 5,13).

*4.* *„Es schadet niemandem"*

Die Schrift wie auch die Erfahrung beweisen den Irrtum dieser Behauptung. „Viele sind die Erschlagenen, die sie gefällt hat, und zahlreich alle, die sie ermordete" (Spr 7,26). „Ja, sie lauert wie ein Räuber und vermehrt die Treulosen unter den Menschen" (Spr 23,28).

*5.* *„Das ist sein Problem"*

Ob es uns gefällt oder nicht: wir sind unseres Bruders Hüter. In 1. Thess 4,3-6 wird unsere Verantwortung deutlich: „Denn dies ist Gottes Wille: ... daß ihr euch von der Unzucht fernhaltet, daß jeder von euch sich sein eigenes Gefäß in Heiligkeit und Ehrbarkeit zu gewinnen wisse, nicht in Leidenschaft der Lust wie die Nationen, die Gott nicht kennen; daß er sich keine Übergriffe erlaube, noch seinen Bruder in der Sache übervorteile, weil der Herr Rächer ist über dies alles."

### 6. „Ich versäume jeden Spaß"

Dauerhafte Freude bringt die Frucht des Friedens. Die Frucht des Geistes (Gal 5,22.23) wird der Lust des Fleisches gegenüber gestellt (Gal 5,19-21). Die Frucht der Sinnlichkeit ist Unreinheit und nicht Vergnügen (Mk 7,21-23). Sexualität ist keine Lebensnotwendigkeit. Sogar in der Ehe wird es bei Krankheit oder Schwangerschaft Zeiten der Enthaltsamkeit geben. Ehepaare können wegen Beruf, Kriegszeiten oder anderen Verpflichtungen getrennt sein.

### 7. „Meine Freundin tut es auch, und sie ist gläubig"

Wir müssen alle für uns selbst vor Gott Rechenschaft ablegen (Röm 14,10.12; 2. Kor 5,10).

## Die Vorteile der Reinheit und der Sittsamkeit

Die Welt verführt uns, sexuelle Anziehung zu mißbrauchen, Gott aber möchte uns beschützen. Wenn eine Frau ihren Körper bewahrt und heiligt, erfährt sie viele Segnungen.

### 1. Ihr christliches Zeugnis wird gestärkt

„Ein ruhiges und stilles Leben führen ... in aller Gottseligkeit und Ehrbarkeit ... ist gut und angenehm vor unserem Heiland-Gott, welcher will, daß alle Menschen errettet werden und zur Erkenntnis der Wahrheit kommen. ... Ich will nun, daß die Männer an jedem Ort beten, indem sie heilige Hände aufheben ... ebenso daß die Frauen sich in würdiger Haltung mit Schamhaftigkeit und Sittsamkeit schmücken ... was Frauen geziemt, die sich zur Gottesfurcht bekennen" (1. Tim 2,2-4.8-10). Das Zeugnis einer gottesfürchtigen Frau ehrt den Herrn.

### 2. Männer erlangen dadurch mehr geistliche Kraft

Anständige Frauen tragen in positiver Weise zur Anbetung bei (1. Tim 2,8-9). Anstatt verführt oder zur Sünde verleitet zu werden, können Männer ungehindert ihre geistliche Verantwortung in der Anleitung von Gebet und Anbetung wahrnehmen.

### 3. Andere werden nicht zur Sünde verführt

Die gottesfürchtige Frau bietet ihre Gaben nicht denen an, die keinen

Anspruch darauf haben. Sie verletzt nicht das Herz anderer, indem sie sie zu ihrem eigenen Vergnügen sexuell stimuliert oder anregt.

### 4. Die Frau wird geachtet und beschützt

Eine anständige Frau wird den Schutz der Männer bewirken. Die unanständige Frau fordert die gefallene Natur des Mannes heraus und wird viel eher mißbraucht (Röm 8,5.6). „Warum ist es so", fragte eine für ihre Unsittlichkeit bekannte Studentin, „daß die Männer von mir nur den Körper haben wollen?" Dieses Mädchen, eine Gläubige, die Stunden mit dem Bibelstudium zubrachte, äußerte den Wunsch, einen reifen Christen heiraten zu wollen. Stattdessen zog sie die Aufmerksamkeit von Männern auf sich, die sie ausnützen wollten.

### 5. Sie kann Liebe tiefer erleben

Es ist ein großer Verlust, wenn sich eine Frau an viele verschwendet. Eine schamhafte Frau bewahrt die volle Kraft der Liebe. Die Belehrung in den Sprüchen gilt sowohl für Frauen als auch für Männer: „Trinke Wasser aus deiner eigenen Zisterne und was aus deinem Brunnen quillt. Sollen nach draußen verströmen deine Quellen, auf die Plätze die Wasserbäche?" (Spr 5,15-18).

### 6. Sie kann sich für ewige Dinge einsetzen

Gott hat keinen Gefallen an körperlicher Schönheit (Spr 31,30), die vergeht. „Der Herr hat Gefallen an denen, die ihn fürchten, an denen, die auf seine Gnade harren" (Ps 147,11).

## Wie man Unreinheit vermeidet

Wir sind gegen sexuelle Versuchungen nicht immun. Aber das Werk des Kreuzes kann uns von der Macht der Sünde über unser Leben befreien. Die Versuchung ist nicht Sünde, aber lüsterne Gedanken oder Taten gewähren zu lassen, das ist Sünde. Es gibt Wege, wie man den Fängen der Sünde entkommen kann.

### 1. Bringen Sie ihre Gedanken in Einklang mit Gott (Röm 12,2)

Gestehen Sie ein, daß Unreinheit sündhaft ist (sei es ein Flirt, lüsterne Fantasien, Unanständigkeit oder Unsittlichkeit). Satans erste List ist es, Begriffe umzudeuten. Unanständigkeit ist „modisch", Ehebruch ist ein

„Zwischenspiel, ein Seitensprung, eine Liaison oder eine Liebesbeziehung". Satan macht Sünde romantisch oder vergnüglich, während er die Folgen verheimlicht: Zerstörung des Vertrauens, zerbrochene Beziehungen, Gewissensbisse, Angst vor Entdeckung und Schuld. Vertrauen Sie Gott und Seinem zuverlässigen Charakter und nicht Satans verlockenden, aber vergänglichen Reizen. Die Sünde ist niemals den Preis wert. Geben Sie Fantasien an den Herrn ab. Erlauben Sie Ihm, Gedanken gefangen zu nehmen (2. Kor 10,5). Bekennen Sie Sünden, geben Sie sie auf, nahen Sie Gott, damit Satan flieht (Jak 4,7).

2. *Treffen Sie keine Vorsorge für das Fleisch (Röm 13,12b-14)*

Überprüfen Sie Ihre Lesegewohnheiten und was Sie ansehen. Vermeiden Sie Situationen und Aktivitäten, die dazu bestimmt sind, sexuelle Reize zu stimulieren oder zu wecken. Wenn es notwendig ist, brechen Sie schädliche Beziehungen ab.

3. *Opfern Sie den gottgegebenen Geschlechtstrieb für den Dienst für Gott (1. Kor 7,34)*

Leiten Sie überschüssige Energie in positive Richtungen. Arbeiten Sie mit Kindern, älteren Menschen oder jedem, der Zärtlichkeit und Liebe braucht. Machen Sie Sport oder finden Sie kreative Betätigungsfelder in der Musik, den Künsten oder auf irgendeinem Fachgebiet.

4. *Freuen Sie sich an den positiven Seiten der Reinheit*

Arbeiten Sie von innen nach außen. Konzentrieren Sie sich darauf, den inneren Charakter zu entwickeln, der nicht vergeht. Berufen Sie sich auf Phil 4,8.9: „Alles, was wahr, ... alles, was rein, ... wenn es irgendeine Tugend gibt, das erwägt ... und der Gott des Friedens wird mit euch sein."

Überprüfen Sie den Kleidungsstil, ob er geeignet ist, den Charakter zu unterstreichen. Finden Sie die Farben, die gut zu ihrem Teint, ihrer Haarfarbe und jeder Farbgebung passen. Verwenden Sie diese Erkenntnis, um das zu betonen, was Gott in Ihrer Seele bewirkt.

## Zusammenfassung

Wahre Heiligung bedeutet nicht, Freude zu unterdrücken. Gott beraubt uns nicht. Er befreit uns, um größeres Vergnügen und tiefere Befriedigung zu erleben als den Reiz, zu flirten und auf die Reaktionen zu warten.

Eine reine Frau, gleich welchen Alters, bringt einen duftenden Wohlgeruch in eine sterbende Welt (Eph 5,1-9). Wenn Gläubige Reinheit praktizieren, gibt es mehr Liebe, größere Harmonie und verstärkte Kraft durch reine Gewissen. Die unerrettete Umgebung wird zum Erretter hingezogen, der fähig ist, die tiefsten Bedürfnisse zu befriedigen.

# Priscilla – eine Frau, die daheim arbeitete

*Studienblatt*

1. Beschreiben Sie die Beziehung von Priscilla, Aquila und Paulus (Apg 18,1-3).

   Aquila und Priscilla übersiedelten, um bei der Verbreitung des Evangeliums nach Ephesus mitzuhelfen. Beschreiben Sie, wie sie ihr Heim für Gott verwendeten (Apg 18,19; 24,28). Welche Auswirkungen hatte ihr Dienst?

2. Nennen Sie eine weitere Möglichkeit, wie dieses Ehepaar ihr Heim verwendete (1. Kor 16,19). Wie könnte dies heute aussehen?

3. Im Jahr 56 n. Chr. zogen Priscilla und Aquila zurück nach Rom. Welches Risiko konnte in diesem Umzug liegen (Apg 18,2)?

   Wie verwendeten sie ihr Heim in diesem Land (Röm 16,3-5a)?

Denken Sie über die wenigen Informationen nach, die wir über dieses Paar haben. Versetzen Sie sich in ihre Lage, mit vier Übersiedlungen und einem Leben, das beständig für andere offen ist. Welche Opfer mußte Priscilla durch ihren Entschluß, ihr Heim für den Herrn zu verwenden, machen?

Was wird ihre ewige Belohnung sein?

4. Priscilla half ihrem Mann bei seinem Handwerk im Hause. Nennen Sie einige kreative Alternativen, mit denen ein Frau das Familieneinkommen ergänzen kann, ohne eine Anstellung außer Haus anzustreben.

5. Definieren Sie Gastfreundschaft. Vergleichen Sie echte Gastfreundschaft und gesellschaftliche Unterhaltung. Welche Ausreden gebrauchen Sie, um nicht gastfreundlich zu sein? Hängen diese mit Stolz zusammen?

6. Wie können Sie Ihr Zimmer, Ihre Wohnung oder Ihr Heim im Dienst für Ihre Familie und andere verwenden?

Gibt es jemanden, dem Sie diese Woche Ihr Heim öffnen sollten? Wenn ja, nehmen Sie sich eine konkrete Einladung vor!

# Priscilla – eine Frau, die daheim arbeitete

*„Sie überwacht die Vorgänge in ihrem Haus, und das Brot der Faulheit ißt sie nicht."* (Spr 31,27)

Die Hütte hatte nicht die Pracht der großartigen Bauten des alten Korinth. Priscilla und Aquila saßen an ihrem rohen Holztisch. Eine einzige Tonleuchte erhellte den kahlen Raum, der gleichzeitig Wohnung und Arbeitsstätte war. Zusammengelegte Zelte lehnten an den lehmverschmierten Wänden. Eine einfache Umgebung war jedoch keine Einschränkung für den mächtigen Dienst für Gott. Eine „Schöner Wohnen" – Atmosphäre ist nicht notwendig, damit ein Heim das Zentrum des Dienstes sein kann.

Dieses Paar flüchtete aus Rom, als Claudius alle Juden auswies. Paulus, der ebenso Zeltmacher von Beruf war, spürte sie auf. Er blieb und arbeitete mit ihnen (Apg 18,1-3). Der Apostel machte Zelte, um leben zu können, aber nach der Arbeit widmete er sich der Aufgabe, den Juden zu predigen und zu bezeugen, daß Jesus der Messias sei. Wir wissen nicht, ob Paulus zur Bekehrung von Priscilla und Aquila beitrug, aber es ist offensichtlich, daß er sie im Glauben schulte.

Im Jahr 53 n. Chr., zwei Jahre nachdem sie Paulus kennengelernt hatten, zogen beide mit ihm, um bei seiner Missionstätigkeit in Ephesus mitzumachen. Sie blieben dort alleine zurück, während sich Paulus in andere Gebiete vorwagte. Später riskierten sie ihr Leben, um in das Land ihres Exils zurückzukehren.

## Wie Aquila und Priscilla ihr Heim für Gott verwendeten

*1. Aquila und Priscilla versorgten den Apostel Paulus*

Sie gewährten Paulus Unterkunft (Apg 18,3). Ihn in Ephesus bei sich wohnen zu lassen, bedeutete wahrscheinlich, Menschenscharen ihrem Haus bis spät in die Nacht zu haben (Apg 20,7.11). Ihr berühmter Gast hatte sowohl Feinde als auch Freunde. Für ihn zu sorgen, brachte Gefahren mit sich. Paulus drückte seine Dankbarkeit persönlich aus, indem er zugab, daß sie „für mein Leben ihren eigenen Hals preisgegeben haben, denen nicht allein ich danke, sondern auch alle Gemeinden der Nationen" (Röm 16,3).

Wir können nur erahnen, welchen Gefahren sie gegenüberstanden, aber wir wissen, daß ihr Opfer die Sache Christi förderte.

## 2. Aquila und Priscilla beherbergten die Versammlung

Wiederholt beherbergten sie erfolgreiche Pionier- und Gemeindearbeiten. Gläubige versammelten sich in ihrem Heim, um anzubeten. Für Priscilla brachte dies zusätzliche Stunden des Putzens und Zurechtrückens von Möbeln mit sich, um Gruppen aufzunehmen. Sie öffnete ihr Leben und ihr Heim den prüfenden Blicken anderer. Eine Missionarin, die eine Gemeinde in ihrem Heim aufgenommen hatte, bekannte, daß sie keine Geheimnisse hatte. Andere schauten in ihre Kästen, Kleider- und Küchenschränke. Sie lebte ein unverdecktes, transparentes Leben.

Dieses hingegebene Paar, das sich für die Entstehung neuer Gemeinden einsetzte, wechselte mehrmals den Wohnort. Diese Übersiedlungen erforderten Mut und Flexibilität. Wenn sie umzogen, erduldeten sie die Unsicherheit, die mit einem Kulturschock und dem Brandmal zusammenhängt, ein Fremder zu sein. Sie zogen von Rom (Apg 18,2) nach Korinth (1. Kor 16,19), von dort nach Ephesus (Apg 18,19), zurück nach Rom (Röm 16,3.5) und schließlich wieder nach Ephesus (2. Tim 4,19). Sie verzichteten auf ihr Anrecht auf irdische Wurzeln und Stabilität zugunsten der Gelegenheit, dem Herrn zu dienen.

## 3. Aquila und Priscilla unterwiesen den Führer Apollos

Innerhalb ihrer vier Wände half Priscilla ihrem Mann in der Unterweisung Apollos. Ihr Dienst brachte eine positive Veränderung in der Führerschaft des Apollos. „Dieser war, als er hinkam, den Glaubenden durch die Gnade behilflich; denn kräftig widerlegte er die Juden öffentlich, indem er durch die Schriften bewies, daß Jesus der Christus sei" (Apg 18,27b-28). Apollos entwickelte sich zu einem der hervorragendsten Leiter seiner Zeit (1. Kor 3,6).

## 4. Priscilla half ihrem Mann bei der Herstellung von Zelten (Apg 18,3)

Als Frau mit Initiative, deren Arbeit von zu Hause ausging, kaufte Priscilla die Zeit erfinderisch aus, ohne die Prioritäten der Familie aus den Augen zu verlieren. In ähnlicher Weise machte die tugendhafte Frau in den Sprüchen Handarbeiten zu Hause, die sie den Händlern verkaufte (Spr 31,24).

Moderne Feministinnen nehmen Priscilla als Beispiel für eine Frau, die Karriere machte. Mary Pride weist in ihrem Buch „Der Weg nach Hause" auf einige Probleme dieser Auslegung hin:

a) Zeltmacherei ist eine Heimarbeit. Man braucht nicht ins Auto steigen, 15 Minuten quer durch die Stadt fahren, parken, in ein Büro marschieren, acht bis neun Stunden dort bleiben und dann wieder nach Hause fahren. Man fährt nicht ins Büro, um Zelte zu machen. Nicht im Europa des ersten Jahrhunderts.

b) Es werden keine Kinder erwähnt. Auf Grund der extremen Mobilität von Priscilla und Aquila nehmen manche Ausleger an, sie hatten keine Kinder. Dies ist nur eine Annahme, aber es ist wert, sie zu erwähnen.

c) Aquila war ein Zeltmacher und Priscilla arbeitete mit ihm. Ihr gemeinsames Geschäft war nicht Priscillas unabhängige Arbeit.[1]

## Kreative Alternativen zur Arbeit außer Haus

Frauen von heute können wie Priscilla das Familieneinkommen aufbessern, ohne eine Anstellung außer Haus suchen zu müssen. Eine verheiratete Frau, die außer Haus arbeitet, ist mit bestimmten Problemen konfrontiert, die man vermeiden kann. Eine arbeitende Ehefrau kommt oft erschöpft vom Stress und Druck der Außenwelt nach Hause. Anstatt ihrer Familie dienen zu können, muß sie selbst aufgerichtet und gestärkt werden. Die gespaltene Loyalität zwischen zwei Häuptern, ihrem Mann und ihrem Chef, kann Unmut bewirken. Die Bedürfnisse der Familie können zur Belastung werden.

Die täglichen Begegnungen mit der Außenwelt können die Lust nach materiellem Besitz vergrößern, aber der finanzielle Gewinn von einem zweiten Gehalt kann eine Täuschung sein. Eine Frau stellte fest, nachdem sie die mit ihrem Beruf verbundenen Ausgaben berechnet hatte (auswärtiges Essen, höhere Steuern, zusätzliche Sozialversicherung, Gewerkschaftsbeiträge, Kindertagesheim, Transportkosten, Kleidung etc.), daß ihr von ihrem hochbezahlten Ganztagsjob netto nur 40 Mark pro Woche blieben.

Die Zunahme von zerrütteten Familien in den Vereinigten Staaten läuft parallel mit der Zunahme von verheirateten Frauen, die außer Haus arbeiten. Bis zur industriellen Revolution hatten die Männer für die Familie gesorgt. Mit dem Zweiten Weltkrieg und dem Konflikt in Korea begannen die Frauen ihre Übersiedlung von daheim in das Büro oder die Fabrik.

---

[1] Mary Pride, The Way Home: Beyond Feminizm, Back to Reality; Westchester, Illinois, USA, 1985 (Crossway Books), Seite 144.

Dieser Trend verstärkte sich sogar noch, nachdem diese nationalen Nöte verebbt waren. Gleichzeitig wurde der Institution der Ehe nicht mehr soviel Wert beigemessen. Im Jahr 1780 endete in den Vereinigten Staaten von Amerika eine Ehe von 33 mit Scheidung. Bis 1955 änderte sich die Rate auf eins zu vier, und bis 1980 war die Scheidungsrate auf fast eins zu zwei angewachsen.

Wenn sich eine Frau ihre Arbeit nach einem eigenen Zeitplan einteilen kann, dann hat sie die Freiheit, ihrer Familie den ersten Platz einzuräumen und sie kann die freie Zeit dazu nützen, zusätzliches Geld zu erwirtschaften. Heimarbeit läßt sich in drei Kategorien einteilen: Hausunterricht, Dienstleistungen und Herstellung von Produkten.

## 1. Hausunterricht

Der Unterricht könnte in Nachhilfestunden für Kinder bestehen, im Leiten einer Koch- oder Turnklasse, Musikstunden oder anderen fachspezifischen Hilfestellungen. Fremden Deutschunterricht zu geben, kann dazu beitragen, interkulturelle Freundschaften aufzubauen und gleichzeitig einer Not Abhilfe zu schaffen.

## 2. Dienstleistungen anbieten

Dies kann die Beaufsichtigung von Kindern sein, Friseurarbeiten, Änderungsschneiderei, Erstellen der Einkommenssteuererklärung, Möbelrestauration, Buchhaltung, Schreibarbeiten oder Tierpflege, während Leute auf Urlaub sind. Eine Frau stellte einen Raum ihrer Wohnung für ein Textverarbeitungsgerät zur Verfügung. Während ihr Kleinkind sein Schläfchen hielt, tippte sie Manuskripte für Berufstätige. Während der Stunden, die sie nicht arbeiten konnte, vermietete sie den Raum und das Gerät an andere Frauen, die eine Teilzeitbeschäftigung wollten.

## 3. Herstellung von Produkten

Es kann sich um selbstgebackene Früchtebrote, selbstgenähte Dinge, originelles Kunsthandwerk, Blumenarrangements oder Tortenverzierungen handeln. Eine Frau kann Musterentwürfe an Bastelmagazine verkaufen oder eintauschen oder als freie Schriftstellerin arbeiten. Eine gläubige Frau verzierte selbstgemachte Gegenstände mit Bibelversen. Als sie mehr Bestellungen bekam, als sie ausführen konnte, gab sie anderen Frauen Aufträge gegen Bezahlung weiter.

Manchmal kann eine Frau alle drei Bereiche miteinander verbinden. Zum

Beispiel könnte eine Frau, die im Tortenverzieren begabt ist, einen Kurs zum Verzieren abhalten, die Torten, die sie für den Kurs gebacken hat, verkaufen, und einen Artikel für ein Frauenmagazin schreiben, dem sie Fotos oder Farbdias von ihrem Tortendekor beilegt.

## Wie man zuhause dienen kann

Das Heim ist mehr als der Kern des Familienlebens. Es kann die Wiege des Evangelisationsdienstes der Frau sein. Durch Gastfreundschaft kann eine Frau entweder Gläubige ermutigen oder unerrettete Bekannte evangelisieren (3. Joh 5,8). Dawson Trotman, der Gründer der christlichen Organisation „Navigatoren", sagte: „Ich bin von ganzem Herzen überzeugt, daß einer der größten Orte der Welt für die Seelengewinnung zu Hause ist."[2] Die Notwendigkeit eines offenen Heims ist so entscheidend, daß „gastfrei" zu sein eine Voraussetzung für verheiratete Männer in Leitungspositionen ist (1. Tim 3,2).

Haushaltsführung ist mehr als eine meisterhafte Perfektion der Kochkünste oder anderer Aspekte der Hauswirtschaft. Gastfreundschaft ist mehr als das Servieren üppiger Gerichte in einer eleganten Umgebung. Ein rechtes Herz stellt die Menschen vor das eigene Ich. Karen Burton Mains macht den Unterschied zwischen wahrer Gastfreundschaft und bloßen gesellschaftlichen Empfängen deutlich:

„Empfänge haben wenig mit wahrer Gastfreundschaft zu tun. Weltliches Gesellschaftsleben ist eine schreckliche Fessel. Es entspringt aus dem menschlichen Stolz. Es verlangt Perfektion, nährt den Drang, beeindrukken zu wollen, und ist ein strenger, versklavender Zuchtmeister. Im Gegensatz dazu ist die biblische Gastfreundschaft zwanglos und befreiend."

Das Gesellschaftsleben sagt: „Ich möchte dich mit meinem schönen Zuhause, meinen geschickten Dekorationen und meinen feinschmeckenden Kochkünsten beeindrucken." Gastfreundschaft strebt jedoch danach, zu dienen. Sie sagt: „Dieses Haus gehört nicht mir. Es ist in Wahrheit ein Geschenk von meinem Meister. Ich bin sein Diener und ich verwende es so, wie er es wünscht." Gastfreundschaft versucht nicht zu beeindrucken, sondern zu dienen.

---

[2] Dawson Trotman, Born to Reproduce, 1975 (Lincoln Nebraska, Back to the Bible Broadcast), Seite 18.

Das Gesellschaftsleben stellt immer Dinge vor Menschen. Gastfreundschaft stellt jedoch Menschen vor Dinge. Weil die Gastfreundschaft ihren Stolz abgelegt hat, macht es ihr nichts aus, wenn die Leute ihre Menschlichkeit sehen. Weil wir keine falschen Motive vorspiegeln, werden die Menschen locker und denken daran, daß wir vielleicht Freunde werden könnten. Im bloßen gesellschaftlichen Umgang erklärt man unterschwellig: „Dies gehört mir, bitte, sehen und bewundern Sie!" Gastfreundschaft flüstert: „Was mein ist, ist dein." Gesellschaftsleben sucht nach einer Bezahlung. Gastfreundschaft gibt alles ohne einen Gedanken nach Erstattung, sondern sie freut sich zu geben, zu tun, zu lieben und zu dienen.[3]

## Zusammenfassung

Priscilla gab ein Beispiel, wie man das Haus für Personen, wie Paulus und Apollos, und für Gruppen von Gläubigen öffnet. Christliche Frauen können heute fortsetzen, das Reich Gottes zu fördern, indem sie Gastfreundschaft praktizieren. Manche, die in pioniermissionarischen Gemeindearbeiten eingesetzt sind, können wie Priscilla eine Versammlung bei sich aufnehmen. Andere könnten Bibelstudiengruppen, Gebetsversammlungen oder evangelistische Nachbarschaftskreise aufnehmen. Wir dehnen unsere Gastfreundschaft auf Missionare und Gäste, die unsere Gemeinde besuchen, aus. Wenn Gläubige ihr Haus als dynamisches Zentrum des Dienstes zur Verfügung stellen, wird der Name des Herrn geehrt (Tit 2,3-5) und das Leben von Menschen wird verändert.

---

[3] Karen Burton Mains, Open Heart – Open Home, 1976 (Elgin, Illinois, USA, David c. Cook Publishing Co.), Seiten 25-26.

# Zu häuslichen Arbeiten ermutigen

*Studienblatt*

1. Betrachten Sie nochmals Sprüche 31,10-31. Welche Verantwortung hatte die kostbare Frau im Haus? Welche häuslichen Fähigkeiten hatte sie sich angeeignet?

Welche Worte offenbaren, daß sie in ihrer Rolle Zufriedenheit erfährt?

In welchem Verhältnis stehen ihre Aktivitäten außer Hause (Dienst oder Beruf) zu ihrem Dienst zu Hause? Erklären Sie!

2. Eine Frau muß lernen, einen Finanzplan zu machen. Worin liegen die Gefahren, Verbrauchsgüter auf Kredit einzukaufen? (Spr 22,7; Röm 13,8)

3. Teilen Sie einige Geheimnisse der Finanzplanung mit, die Sie gelernt haben.

4. Welche Rolle spielen Einstellungen bei der Haushaltsführung? Sprüche 15,17; 17,1

Sprüche 21,19; 25,24; 27,15

Sprüche 24,3-4

5. Geben Sie Sprüche 14,1 mit eigenen Worten wieder!

Welche Möglichkeiten hat eine Frau, mit Weisheit ihr Haus zu bauen?

Wie kann sie es niederreißen?

Viele Frauen sind als Hausfrauen gelangweilt und frustriert. Andere werden durch die Aufgabe angeregt und herausgefordert. Erklären Sie den Unterschied.

6. Wie können Sie in praktischer Weise andere dazu ermutigen, für häusliche Dinge zu sorgen?

# Zu häuslichen Arbeiten ermutigen

*„Damit sie die jungen Frauen unterweisen,... mit häuslichen Arbeiten beschäftigt zu sein... damit das Wort Gottes nicht verlästert werde."* (Titus 2,4-5)

Ich sehnte mich danach, zu Hause zu bleiben und zu lernen, wie man den Haushalt führt, aber als junge Braut glaubte ich, arbeiten gehen zu müssen. Mein Mann hatte ein Lehrerstipendium und unterrichtete eine Englischklasse und war mit einem Doktoratsstudium voll beschäftigt. Wie sollten wir ohne mein Einkommen überleben?

Während des Weihnachtsurlaubes erlitt ich eine Virusinfektion. Zu Ostern hatte ich noch immer leicht erhöhte Temperatur. Der Arzt überwies mich ins Krankenhaus. Nach gründlicher Untersuchung entschied er, daß ich Ruhe nötig hatte. Er schlug vor, daß ich einen anderen Lehrer finden sollte, der die restlichen sechs Wochen des Schuljahres 1971/1972 abschließen würde. Die Veränderung war für mich wunderbar, aber für unsere Finanzen schwierig. Plötzlich verloren wir drei Viertel unseres Einkommens.

Sollte Steve sein Studium abbrechen? Wir beschlossen abzuwarten, ob wir mit 250 Dollar im Monat auskommen würden, die er bei seiner Teilzeitbeschäftigung verdiente. Zu unserem großen Erstaunen war ein großer Teil meines früheren Einkommens für Sozialversicherung, Steuern und mit der Arbeitsstelle verbundenen Ausgaben verbraucht worden. Es kostete weniger, zu Hause zu bleiben. Wir dachten, wir hätten bescheiden gelebt, aber wir entdeckten viele entbehrliche Dinge. Wir kündigten Abonnements von Tageszeitungen und Zeitschriften und beschlossen, mehr Gebrauch von der öffentlichen Bibliothek zu machen. Ein großer Teil meines Lohnes hatte zur Bezahlung anderer Leute für Arbeiten gedient, die ich selbst ausführen konnte. Ich lernte, unsere Haare zu schneiden, zu nähen und Kuchen ohne Rezepte zu backen. Wir staubten unsere Fahrräder ab, um ein günstigeres und gesünderes Verkehrsmittel zu verwenden. Picknicks im Park ersetzten die wöchentlichen Steaks in einem feinen Restaurant.

Neue Freude und neuer Friede waren der Ausgleich für verlorenen Luxus. Kochen wurde zum Vergnügen. Anstatt der allabendlichen Hetze, rasch etwas auf den Tisch zu stellen, bereitete ich in Ruhe das Abendessen vor und begrüßte meinen Partner herzlich. Zum ersten Mal war ich verfügbar, um mich auf seine Bedürfnisse zu konzentrieren.

Obwohl ich rechtzeitig gesund wurde, um im Herbst wieder unterrichten zu können, gab ich die Arbeit ganz auf. Wir entschieden, daß ich zu Hause mehr gebraucht wurde als das Geld, daß ich außer Haus verdienen konnte. Wir begannen die Aussage zu hinterfragen, die wir so oft von anderen hörten: „Ich wünschte, ich könnte auch wie Sie zu Hause bleiben, aber wir können es uns nicht leisten." Wir hatten gedacht, wir könnten es uns auch nicht leisten, aber in sehr geschickter Weise lebten wir seit 18 Monaten von einer Teilzeitbeschäftigung. Wir baten nie jemanden um Geld. Wir bezahlten alle unsere Rechnungen rechtzeitig und aßen bei jedem Essen etwas Nahrhaftes.

Die Vorzüge unserer Erfahrung nahmen im Lauf der Jahre zu. Die Notwendigkeit lehrte mich Sparsamkeit und Einfallsreichtum. Ich fand Zufriedenheit bei weniger materiellem Besitz. Die Herausforderung, mit weniger auszukommen, half mir, um mich auf Zeiten vorzubereiten, in denen wir geringeres Einkommen haben würden. Bei einem Arbeitswechsel überlebten wir zwei Monate ohne Bezahlung, als Missionare eine zeitlang ohne garantiertes Einkommen und vier Jahre im vollzeitigen christlichen Dienst. Steve hatte keine Lebensversicherung, als er mich als Witwe mit drei kleinen Jungen hinterließ. Während dieser ganzen Zeit blieb ich eine vollzeitige Hausfrau.

## Die Not erkennen

Die Gegenwart einer Frau im Hause ist unersetzbar. Eine Hausfrau ist jemand, die ein Haus in ein Zuhause verwandelt. Viele ihrer Arbeiten könnten von anderen ausgeführt werden. Eine Wäscherei könnte die Wäsche versorgen, ein Restaurant das Essen bereiten, ein Innenraumgestalter stilvoll eine Wohnung möblieren und eine Bedienerin kann niedrige Aufgaben erfüllen, aber nur eine Hausfrau kann dieses gewisse Etwas hinzufügen, das mit Geld nicht erworben werden kann.

Alle Frauen haben in gewisser Weise den Beruf der Hausfrau – für einen Partner, ein Kind, eine Verwandte, eine Mitbewohnerin oder auch für sich selbst. Jede hat einen Raum oder eine Ecke eines Raumes, wo sie wohnt. Karen, ein unverheiratetes Mädchen, das bei ihren Eltern wohnt, zeigt, daß die für eine fröhliche und erfolgreiche Haushaltsführung nötige Einstellung allgemein anwendbar ist. Sie richtete ihr Zimmer geschmackvoll ein, sodaß sich Gäste wie Zuhause fühlten. Entmutigte Freunde und Familienmitglieder nehmen in ihrem Zimmer Zuflucht. An ihrer Arbeitsstelle ist sie bestrebt, Fähigkeiten und Charaktereigenschaften zu entfalten, die ihr eines Tages helfen werden, als vollzeitige Hausfrau erfolgreich zu sein.

Viele Frauen, die früher außer Haus gearbeitet hatten, bekennen, daß ihre Arbeit als Hausfrau herausfordernder ist als ihr früherer Beruf. Die Hausfrau benötigt Initiative und eigenen Antrieb für ihre abwechslungsreiche Beschäftigung. Als leitende Verwalterin muß sie keine Karte in die Stechuhr geben und sie hat keinen Vorgesetzten, der ihr Anordnungen gibt oder ihre Arbeit überprüft.

Die kreative Hausfrau erkennt den Wert ihrer Arbeit und strebt ständig danach, ihre Fähigkeiten zu verbessern. Wir werden einige ihrer Verantwortungsbereiche untersuchen, wie zum Beispiel Organisation, Budget, Essensplanung und Wohnungsgestaltung.

## Den Haushalt Organisieren

Es gibt eine Reihe von grundlegenden Prinzipien für die Organisation eines Heimes. Ordnung macht echte Flexibilität möglich. Wenn die Zeit nicht eingeteilt wird, überwältigen die Arbeiten die Frau, während sie mit einem durchführbaren Plan die Aufgaben bewältigen kann.

*1. Sortieren Sie unnötigen Besitz aus*

Häufen Sie nichts an. Die Dinge, die „vielleicht später einmal gebraucht werden", füllen Schränke und Schubladen und machen das Leben schwierig. Mit dem Besitz rationell umgehen, bringt Freiheit. Wenn es im letzten Jahr nicht zum Kochen oder zum Sitzen verwendet wurde, wenn man es nirgends dazu gegeben, nicht gelesen oder gegossen hat, wird man es wahrscheinlich nie brauchen. Geben Sie es jemandem, der es verwenden wird (Spr 14,21). Eine Frau entschloß sich, abgelegte Sachen nicht für Kinder aufzuheben, die sie einmal haben könnte. Als sie doch ein drittes Kind bekam, sorgte der Herr für nettere Dinge als zuvor. Sie erlebte buchstäblich die Erfüllung der Verheißung: „Die Seele des Segenswunsches wird Fett gemacht" („wer gerne wohltut, wird reichlich gesättigt") (Spr 11,25). Ballast wegzugeben, vereinfacht das Leben und darüber hinaus können andere davon profitieren.

*2. Erstellen sie tägliche Zeitpläne*

Arbeiten Sie nicht einfach nach Laune. Vorausplanung verhindert, daß Sie an einem Tag gelangweilt und am nächsten überarbeitet sind. Wenn man Dinge schriftlich festhält, braucht das Gedächtnis nicht kleinere Notwendigkeiten festhalten und kann sich auf die wichtigeren Dinge konzentrieren. Ein einfacher Schritt, wie das Erstellen einer Einkaufsliste an der

Küchenwand kann viel Ärger und unnötige Ausflüge in den Supermarkt ersparen. Christliche Verlage bieten praktische Hilfen für Hausfrauen an.

*3. Überprüfen sie tägliche Gewohnheiten und machen sie hilfreiche Änderungen*

Jeder Tag hat seine schwierigen Augenblicke. Für viele sind die Morgenstunden und die Stunde vor dem Abendessen die härtesten. Überlegen Sie während der stürmischen Augenblicke, ob vielleicht irgendeine Aktivität auf eine weniger gedrängte Tageszeit verlegt werden kann. Ist die Stunde am Morgen zum Beispiel voller Stress, weil die Brote für die Schule bereitet werden müssen, so lernen Sie, sie schon am Vorabend zuzubereiten und im Kühlschrank aufzubewahren, damit der Mann und die Kinder sie von dort am nächsten Tag mitnehmen können. Manche Frauen beginnen mit den Vorbereitungen für das Abendessen schon in der Früh.

*4. Vermeiden sie überflüssige Handgriffe*

Etwas erst später wegzuräumen, benötigt zweimal soviel Aufwand. Die falsche Bequemlichkeit, etwas vorübergehend wegzulegen, öffnet Tür und Tor für Unordnung und Durcheinander. Lernen Sie Handgriffe so gut wie möglich zu rationalisieren. Die doppelte Menge Spaghettisauce zu machen, geht genauso schnell wie die einfach Menge für eine Mahlzeit. Die Sauce kann für ein rasches Essen an einem anderen Tag eingefroren werden.

Erkennen Sie, daß manche Dinge nicht getan werden müssen. Lassen Sie sich nicht zu unnötigen Hausarbeiten verleiten. Ein Heim sollte ordentlich sauber sein, aber es ist nicht notwendig, die Fenster jeden Tag zu putzen. Es ist nicht notwendig, daß die Böden immer so sauber sind, daß man auf ihnen essen kann. Niemand erwartet, daß man auf dem Boden ißt.

## Geschick für die Haushaltsplanung entwickeln

Warten und Planen sind zwei Schlüssel in der Budgeterstellung.

*1. Vermeiden sie spontanes Ausgeben*

Unsere Jetzt-Kultur macht Selbstbeherrschung schwierig. Kaufen Sie Konsumgüter nicht auf Kredit, sondern zahlen Sie sofort (Spr 22,7; Röm 13,8). Wenn man wartet, ist ein Artikel gelegentlich günstiger zu haben. Ein Ehepaar verzichtete auf die Gelegenheit, einen neuen Kühlschrank im

Ausverkauf zu erstehen. Einen Monat später kauften sie einen größeren zum halben Preis.

## 2. Planen sie voraus, um unnötige Ausgaben zu vermeiden

Der Einkauf von Lebensmitteln ist das Hauptgebiet, wo Vorausplanen Geld erspart. Mary Boune stellt den Wert des Planens dar, indem sie berichtet, wie „Studien zeigten, daß Frauen, die außer Haus arbeiten, bis zweimal soviel für Essen ausgeben, wie die Frauen, die zu Hause bleiben." Einkaufslisten für geplante Essen verhindern, daß Geld für Lebensmittel verschwendet wird. Arbeitenden Frauen fehlt die Zeit, einen durchdachten Speiseplan aufzustellen, oder beim Einkaufen die Sonderangebote auszunutzen, und sie sind oft auf teurere, weniger vollwertige „bequeme" Nahrungsmittel angewiesen.

## 3. Überprüfen Sie die Einstellung zu materiellem Besitz

Wahres Glück und bleibende Freude sind nicht abhängig vom finanziellen Status sondern von dem Niveau der persönlichen Beziehung mit dem Herrn. „Du hast Freude in mein Herz gegeben, mehr als jenen zu der Zeit, da sie viel Korn und Most haben", rief David, der Psalmist, aus. „In Frieden werde ich, sobald ich liege, schlafen; denn du, Herr, läßt mich obschon allein, in Sicherheit wohnen" (Psalm 4,7-8).

Als Christen sind wir Verwalter von Gottes Geld. Wir sind aufgerufen, uns die Welt zunutze zu machen, aber nicht völlig (1. Kor 7,30-31). Ewige Dinge sollten den Vorrang haben vor zeitlichem Gewinn (Lk 16,9-13; Mt 6,19-34). Tatsächlich birgt Reichtum viele Gefahren. Reichtümer können Menschen veranlassen, Gott zu vergessen (5. Mose 8,13.14; Spr 30,8.9a), Habgier zu entwickeln (Ps 62,10), die ewige Errettung zu versäumen (Mt 19,23), ein leeres, unfruchtbares Leben zu führen (Mk 4,19) und sich verschiedenen anderen Versuchungen hinzugeben (1. Tim 6,9).

## 4. Lernen Sie, zwischen Nöten und Wünschen zu unterscheiden

Gott verspricht, alle unsere Bedürfnisse zu erfüllen (Ps 145,10-15; Phil 4,19), aber nicht alle unsere Wünsche (Jak 4,3; 1. Joh 2,16). Beurteilen Sie gegenwärtige Wünsche mit Hilfe solcher Fragen: Wird dadurch meine Wirksamkeit für den Herrn verstärkt? Ist es leichtsinnig oder gerechtfertigt? Ist der Gegenstand notwendig oder kann durch etwas Kreativität dem Bedürfnis abgeholfen werden, ohne etwas kaufen zu müssen? Eine Familie mit kleinen Kindern wünschte sich zum Beispiel einen Plattenspieler, aber das Budget erlaubte keine Extrakäufe. Mit Hilfe eines Kassettenrekorders gestaltete die Mutter einzigartige Kassetten zum Vergnügen ihrer Kinder. Gemeinsam erzählten sie Geschichten, unterstützt von Klangeffekten. Mit der Zeit erhielten sie einen Plattenspieler als Geschenk, aber sie besitzen auch unbezahlbare Aufnahmen mit ihren eigenen Stimmen.

*5. Bedenken Sie: eine ersparte Mark ist mehr wert als eine erarbeitete Mark*

Nur ein Teil jeder verdienten Mark gelangt zum Arbeitnehmer. Vom Lohnzettel wird Geld für Steuern, Pensionsversicherung und anderes abgezogen. Wenn eine Frau eine Mark beim Kauf von Lebensmitteln einspart, spart sie eine ganze Mark. Eine Frau, die das Haushaltskapital sorgfältig verwaltet, kann möglicherweise gleichviel oder mehr zum Familieneinkommen beitragen wie eine Frau, die vollzeitig außer Haus arbeitet.

## Verbesserung der Essensplanung

Es gibt zwei Hauptgründe, warum man ißt: zum Überleben und zum Feiern. Beides sollten wir bei der Essensplanung berücksichtigen.

*1. Überprüfen Sie den Nährwert der Nahrungsmittel*

Ernährung sollte ein klarer Grund des Essens sein, aber leider sind heutzutage Geschmack oder Preis oft die alleinigen Kriterien für die Auswahl von Nahrungsmitteln. Lebensmittelläden verkaufen chemische Produkte, von denen es heißt, sie „schmecken wie echt". Die Geschmacksnerven mögen den Unterschied vielleicht nicht erkennen, aber der menschliche Körper ist geschaffen, um mit echten Lebensmitteln ernährt zu werden und nicht mit chemischem Ersatz. Eine Mutter, eine Akademikerin, brüstete sich damit, jeden Monat viel zu sparen, indem sie ihrer unterernährt aussehenden Tochter künstliche Fruchtsäfte gab anstelle von Milch. In der Zukunft wird sie für die falsche Sparsamkeit mit Arztkosten und Leid bezahlen. Schlechte Ernährung fördert Gefräßigkeit (denaturalisierte Nahrung ist nicht sättigend, daher neigt man dazu, sich zu überessen), Überaktivität, niedrigen Blutzucker und andere emotionale und physische Störungen.

Eine Frau ist verantwortlich für die Gesundheit ihrer Familie. Neva Coyle, Begründerin von „Overweight Victorious" (Übergewicht besiegen) teilt mit, daß „ein Brief nach dem anderen von Frauen eingeht, die erkannten, daß sie die Hauptursache für die schlechten Eßgewohnheiten ihrer Familien sind." Sogar eine einfache Entscheidung, wie die Wahl des Mehls, kann eine Wirkung auf das Wohlbefinden und die Vitalität der Familie haben.

Psalm 104,15 spricht von Brot, das Gott geschaffen hat, daß es „des Menschen Herz stärke". Ausgemahlenes Weizenmehl entbehrt jedoch jegliches Vitamin E, der Nährstoff, der bekannterweise für ein funktionierendes Herzkreislaufsystem notwendig ist. Seit der weitverbreiteten Einführung des weißen Mehls über mehrere Generationen hinweg hat sich der Herzinfakt von einem seltenen medizinischen Problem zur Haupttodesursache in den Vereinigten Staaten von Amerika entwickelt.

## 2. Beachten Sie den ästhetischen Stellenwert der Mahlzeiten

Man sollte sich mit Kochen nicht wie mit einer täglichen Notwendigkeit des Lebens sondern vielmehr wie mit einer Kunstrichtung befassen. Gott hat uns Geschmacksnerven gegeben, einen feinen Geruchssinn und ein tiefes Verständnis für Struktur und Farbe. Ebenso hat er eine Auswahl von Lebensmitteln geschaffen, um unsere verschiedenen Sinne befriedigen zu können. Jedes Essen sollte so geplant sein, daß es unseren Augen und unserem Wunsch nach Abwechslung gefällt. Kleinigkeiten können sogar ein einfaches Essen zu einer Augenweide machen und dem, der es zubereitet hat, Ehre und Erfüllung bringen. Die Verdauung wird durch eine angenehme Umgebung und ein wohlschmeckendes Essen gefördert.

## 3. Beachten sie soziale Bedürfnisse

Aufregende Themen sollten am Eßtisch vermieden werden. Das Klima beim Essen sollte von Wertschätzung, gegenseitigem Interesse und Liebe geprägt sein. Selbst das beste Essen kann eine negative Gesinnung unter den zu Tisch Sitzenden nicht wettmachen. „Besser ein Gericht Gemüse und Liebe ist da, als ein gemästeter Ochse und Haß dabei" (Spr 15,17). „Besser ein trockener Bissen und Ruhe dabei, als ein Haus voller Festspeisen aber Streit dabei" (Spr 17,1).

## Kreativität bei der Gestaltung ihres Heimes

Gott gibt der Frau einen Blick für das Detail, den andere schätzen, auch wenn sie nicht sagen können, woher es kommt. Große Ausgaben sind nicht erforderlich. Eine Studentenehefrau beschloß einmal, ihren Mann zum Valentinstag zu überraschen, indem sie vorhandene Dinge verwendete, um eine liebevolle Atmosphäre zu schaffen. Mit einem Rest von rotkariertem Stoff machte sie ein Tischtuch und dazu passende Servietten für ihren kleinen runden Tisch. Sie schnitt eine leere Toilettenpapierrolle in kleine Ringe und überzog sie mit Resten roten Samtes, um nette Serviettenringe zu machen. Für die Tischmitte schmückte sie rote Kerzen mit goldenen Herzen, die sie aus der Karte ausgeschnitten hatte, die er ihr im vorigen Jahr am Valentinstag geschickt hatte. Rund um die Kerzen legte sie herzförmige Blätter, die sie von einem Strauch in ihrem Garten gepflückt hatte. Hintergrundmusik half die Stimmung zu vervollkommnen. Zuerst war sie verletzt, denn als ihr Mann nach Hause kam, schenkte er den Details nicht sofort Aufmerksamkeit. Aber die Erklärung seiner verspäteten Bemerkung über den Tisch war eine überraschende Entdeckung: „Ich wußte nicht genau, was es war", gab er beschämt zu, „aber ich spürte etwas Besonderes". Selbst wenn anderen nicht alle kreativen Kleinigkeiten auffallen, werden sie den Effekt schätzen.

Eine Frau sollte eine angenehme Umgebung im Heim schaffen, eine Atmosphäre, die jeden der dort Wohnenden repräsentiert. Die Persönlichkeit kann durch erworbene oder originell verwendete Dinge vermittelt werden. Jeder Platz, ob klein oder groß, eine Hütte oder ein Palast, benötigt den fortlaufenden Ausdruck der eigenen Persönlichkeit. Eine junge Frau hatte jahrelang eine handgemachte Decke hochgeschätzt, die ihre Großmutter ihr als Kind gegeben hatte. Die Decke ist mit ihr um die Welt gereist und hat geholfen, neue, manchmal kurzzeitige Wohnungen zu einem Ort zu machen, wo sie sich zu Hause fühlte.

## Zusammenfassung

Hausfrauen sind treffend als Hausverwalter bezeichnet worden. Einen reibungslosen Haushalt zu verwalten, bedeutet, Organisation, Finanzplanung für die Haushaltsausgaben und Bereiten reizvoller und gesunder Mahlzeiten. Die Frau des Hauses hat die Aufgabe einer Krankenschwester, einer Gärtnerin, einer Reinigungsfachkraft, einer Innendekorateurin, einer Kinderpflegeexpertin, einer Wäscherin und einer Kauffrau.

Die Arbeit einer Frau ist mehr als das Wechseln von Windeln und Wischen des Bodens, obwohl diese Dinge getan werden müssen. Eine Frau gibt den Gefühlston des Lebens an. Das Zuhause sollte ein Ort der Erneuerung und der Ruhe sein, eine Zuflucht von den Konflikten außerhalb. Indem sie die Schmerzen, die andere in der Welt erfahren, aufsaugt, kann eine Frau Stütze, Schönheit und Liebe anbieten.

# Dorkas – eine Frau, die Gutes tat

*Studienblatt*

1. Lesen Sie Apostelgeschichte 9,36-42. Welcher Gruppe von Menschen diente Dorkas? Glauben Sie, daß ihre Motive selbstsüchtig waren? Warum oder warum nicht?

2. Beschreiben Sie die Haltung des HERRN gegenüber betrübten Menschen.

   5. Mose 10,17-19

   Psalm 10,14

   Psalm 68,5

   Psalm 146,9

3. Wenn wir Bedürftigen dienen, wem helfen wir gemäß Matthäus 25,34-45?

4. Welche Verheißung gibt Gott Menschen, die für solche sorgen, die Güte nicht erwidern können (5. Mo 14,29; Jes 58,10.11)?

5. Fallen Ihnen Dinge ein, die man vermeiden sollte, wenn man Menschen in Not erreichen will?

Welche Möglichkeiten gibt es, jemandem in Not zu helfen, den Sie kennen?

Nennen Sie einige Richtlinien, wie man einen guten Trostbrief schreiben kann.

6. Fällt Ihnen jemand ein, dem Sie diese Woche durch einen Brief oder eine Aufmerksamkeit Trost spenden können?

# Dorkas – eine Frau, die Gutes tat

*„Ihre Hand öffnet sie dem Elenden und streckt ihre Hände dem Armen ent-*
*gegen."* (Spr 31,20)

Gesunde und kräftige Fischer können in jungen Jahren in heimtückischen
Unwettern ums Leben kommen. In Hafenstädten gibt es oft eine größere
Zahl von Witwen als anderswo. Ein Ort der Trauer kann aber ein Ort der
Chance sein.

„In Joppe aber war eine Jüngerin mit Namen Tabita, die übersetzt heißt:
Dorkas. Diese war reich an guten Werken und Almosen, die sie übte"
(Apg 9,36).

Wie die Frau in Sprüche 31 ging Dorkas den Armen nach, die in materiel-
ler Not waren, und den Bedürftigen, die geistliche oder emotionelle Nöte
hatten. Wir wissen nicht, wie alt Dorkas war oder ob sie verheiratet war,
aber ihr wurde die Ehre zuteil, als einzige Frau in der Schrift „Jüngerin"
genannt zu werden, was sie als Lernende und Handelnde ausweist, als
Nachfolgerin von Jesus. Sie lebte für andere. Dorkas hatte einen Blick für
das Leiden in ihrer Küstenstadt und sie wollte die erreichen, die Kummer
hatten. Sie erwies Güte nicht nur gelegentlich, sondern beständig.

## Abweisende Worte, die Dorkas wahrscheinlich vermied

Vielleicht war Dorkas selbst verwitwet. Jedenfalls schien sie die wahren
Nöte von Menschen zu verstehen, die Krisenzeiten erlebten. Sie besaß
Einsicht und Weisheit, um zu verstehen, daß manche Versuche zu trösten
das Problem nur vergrößerten. Vielleicht vermied sie übliche Fehler.
Wahrscheinlich sagte sie nicht:

1. *„Ich weiß genau, wie Du dich fühlst"*

Niemand kann wissen, wie sich der andere fühlt. Es mag ähnliche Erfah-
rungen geben, aber es gibt nicht zwei Menschen, die gleich sind. Es gibt
Menschen, die sich eher erregen als beruhigen, wenn man ihnen sagt, man
wisse, wie es ihnen geht. Nur Gott weiß genau, wie es Ihrer Freundin geht.
Geben Sie zu, daß Sie es nicht vollkommen wissen, aber verweisen Sie Ihre
Freundin auf den Einen, der genau weiß, wie es ihr geht, und der sich sorgt.

## 2. „Ich weiß, daß Du sicher oft gefragt hast ‚Warum?‘"

Nicht jeder, der durch eine schmerzvolle Zeit geht, fragt „warum". Nur wenige Leute haben so viel gelitten wie Hiob, und doch war seine Reaktion auf die Serie von vernichtenden Prüfungen das Gegenteil davon, die Güte Gottes in Zweifel zu ziehen. „Da stand Hiob auf und zerriß sein Obergewand und schor sein Haupt; und er fiel auf die Erde und betete an. Und er sagte: Nackt bin ich aus meiner Mutter Leib gekommen, und nackt kehre ich dahin zurück. Der HERR hat gegeben, und der HERR hat genommen, der Name des HERRN sei gepriesen! Bei alldem sündigte Hiob nicht und legte Gott nichts Anstößiges zur Last." (Hiob 1,20-22).

## 3. „Du bist so stark. Ich könnte nie ertragen, was Du durchgemacht hast"

Man sucht sich Anfechtungen nicht aus. Es ist ermutigend, wenn der Leidende erkennt, daß die anderen von der speziellen Kraft wissen, die der Herr verleiht; aber man übt unfairen Druck aus, wenn man den Eindruck vermittelt, er sollte die Quelle der Kraft in sich selbst haben. Leid hat die segensreiche Nebenwirkung, einen Menschen demütig zu machen. Prüfungen offenbaren die menschliche Schwachheit und lassen einen auf Gott vertrauen. Viele Frauen, wenn sie den Druck spüren, sie sollten selbst stark sein, finden es schwierig, sich frei zu fühlen, ihren Tränen den notwendigen Lauf zu lassen.

## 4. „Wenn Dein Ehemann (oder Kind) überlebt hätte, wäre er vielleicht geistig behindert"

Vermutungen bringen wenig Trost mit sich. Eine Mutter, die ihr Kind verliert, ist nicht erleichtert, wenn sie hört, wie das Kind womöglich geistig zurückgeblieben wäre, wenn es überlebt hätte. Solche Gedanken fixieren auf die Prüfung. Solche Versuche zu trösten sind belanglos und leer. Eine weise Trösterin ermutigt auf der Basis der Wahrheit und nicht der Sentimentalität.

# Worte der Ermutigung und Liebe, die Dorkas verwendete

Dorkas wußte wahrscheinlich nicht nur, was sie *nicht* sagen sollte, sondern auch, wie man wirksamen Trost vermittelt.

## 1. Erbitten Sie die Weisheit des Heiligen Geistes

Jeder Mensch hat besondere Nöte. Worte, die für einen reifen Christen von tiefer Bedeutung wären, können auf eine weniger hingegebene Person salbungsvoll wirken. Eine unerrettete Person kann man auffordern, auf den HERRN zu blicken, aber es wäre falsch, sie zu ermutigen, sich auf die Verheißungen zu berufen, die nur den Gläubigen gegeben wurden. Der beste Effekt ihrer Trübsal wäre die Erkenntnis, daß sie mit Gott ins Reine kommen muß.

Der HERR kennt das Herz und die Not einer leidenden Person. Bete um seine Führung. „Der HERR hat mir die Zunge eines Jüngers gegeben, damit ich erkenne, den Müden durch ein Wort aufzurichten. Er weckt mich, ja Morgen für Morgen weckt er mir das Ohr, damit ich höre, wie Jünger hören" (Jes 50,4).

## 2. Zeigen Sie Liebe und Anteilnahme

Versetzen Sie sich in das Leid. „Freut euch mit den sich Freuenden, weint mit den Weinenden" (Röm 12,15). Verstehen Sie die Schwierigkeiten und teilen Sie das Leiden, aber bemitleiden Sie nicht! Manche setzen fälschlicherweise Trösten mit Besänftigen oder Bedauern gleich. Trösten hat aber etwas mit Kräftigen zu tun. Mitleid schwächt in Prüfungen. Die Leidende braucht nicht beruhigt zu werden, sie muß mit Anteilnahme und Kraft gestützt werden. Anstatt das Problem zu beschönigen, wird eine gottesfürchtige Trösterin den Schmerz verstehen, aber die Kraftquellen erschließen (Hebr 12,11.12).

## 3. Setzen Sie die Bibel zur Ermutigung ein

Wir sind nicht imstande, eine andere Person mit unserer eigenen Kraft zu trösten, aber ein gut ausgewählter Bibelvers kann stärken und beleben. „Es zerfließt meine Seele vor Kummer", rief der Psalmist, „richte mich auf nach deinem Wort! ... Dies ist mein Trost in meinem Elend, daß deine Zusage mich belebt hat" (Ps 119,28.50).

## 4. Stellen Sie das Wesen Gottes in den Mittelpunkt

„Er selbst aber, unser Herr Jesus Christus, und Gott, unser Vater, der uns geliebt und uns in seiner Gnade ewigen Trost und gute Hoffnung gegeben hat, tröste eure Herzen und befestige sie in jedem guten Werk und Wort" (2. Thess 2,16.17).

## 5. Teilen Sie mit, wie Gott Sie getröstet hat

„Gepriesen sei der Gott und Vater unseres Herrn Jesus Christus, der Vater der Erbarmungen und Gott alles Trostes, der uns tröstet in all unserer

Drangsal, damit wir die trösten können, die in allerlei Drangsal sind, durch den Trost, mit dem wir selbst von Gott getröstet werden" (2. Kor 1,3.4).

### 6. *Legen Sie Wert auf einen ewigen Ausblick*

„Denn das schnell vorübergehende Leichte der Drangsal bewirkt uns ein über die Maßen reiches, ewiges Gewicht von Herrlichkeit, da wir nicht das Sichtbare anschauen, sondern das Unsichtbare; denn das Sichtbare ist zeitlich, das Unsichtbare aber ewig" (2. Kor 4,17.18).

### 7. *Beten Sie ganz besonders*

„An dem Tag, da ich rief, antwortetest du mir. Du mehrtest in meiner Seele die Kraft" (Psalm 138,3). Gebet heilt.

## Heilende Worte müssen nicht gesprochen sein

Eine wertvolle und oft übersehene Form des Trostes, egal ob Dorkas sie anwandte, sind geschriebene Worte. Obwohl ein Trostbrief eine der besten Methoden ist, um eine Freundin in Anfechtungen aufzurichten, zögern viele unnötigerweise zu schreiben. Die falschen Worte könnten das Leiden verstärken. Hiobs Gefährten vergrößerten sein Elend. Ihr taktloser und unangebrachter verbaler Angriff brachte ihnen die ironische Bezeichnung als „Tröster Hiobs".

Die Furcht vor verletzenden Fehlern sollte aber nicht Untätigkeit bewirken. Von einer leidenden Person wegzuschauen, ist unfreundlich. Holen Sie Verstärkung und Unterstützung, aber ziehen Sie sich nicht von einer Freundin zurück, damit sie sich nicht einsam und verlassen fühlt. Die Niedergeschlagene im Stich lassen, ist eine schlechte Lösung, um falsche Worte zu vermeiden.

Gutgeschriebene Briefe sind eine unbedrohliche Brücke zur Außenwelt. Ein guter Trostbrief ist wie lindernder Balsam und fordert nicht sofortige Antwort. Ein Schreiber überzieht nie die Besuchszeit zum Ermüden des Betrübten. Der Trauernde fühlt sich nicht verpflichtet, den Briefschreiber zu unterhalten.

# Untermauern Sie gute Wünsche mit Taten

Menschen brauchen in Krisenzeiten tröstende Worte, aber sie sind auch darauf angewiesen, daß man ihnen Lasten abnimmt. Dorkas ging in Werken der Liebe auf. Sie bemühte sich, um wirkliche Nöte zu lindern. Wenn einer Frau Kleidung mangelte, kaufte sie Stoffe und nähte Kleider für sie. Sie stand in tatkräftigem Dienst.

Der Prophet warnte: *„Wenn aber ein Bruder oder eine Schwester dürftig gekleidet ist und der täglichen Nahrung entbehrt, aber jemand unter euch spricht zu ihnen: Geht hin in Frieden, wärmt euch und sättigt euch! ihr gebt ihnen aber nicht das für den Leib Notwendige, was nützt es?"* (Jak 2,15.16)

*„Und wenn du dem Hungrigen dein Brot darreichst und die gebeugte Seele sättigst, dann wird dein Licht aufgehen in der Finsternis, und dein Dunkel wird sein wie der Mittag. Und beständig wird der HERR dich leiten, und er wird deine Seele sättigen an Orten der Dürre und deine Gebeine stärken. Dann wirst du sein wie ein bewässerter Garten und wie ein Wasserquell, dessen Wasser nicht versiegen."* (Jes 58,10.11)

Das Klima im Mittelmeerraum gehört zu den besten auf der Welt – gemäßigt während des ganzen Jahres. Aber wieviel erfrischender ist es, sich im geistlichen Klima zu sonnen, das Dorkas schuf, eine Dienerin des HERRN. Solche Dienerinnen sind selten und wenn sie fort sind, dann vermißt man sie sehr. Ihre Freundinnen weinten bei ihrem Tod. Ihr Gehen hinterließ einen Platz, der nicht leicht auszufüllen war (Apg 9,36-42).

Würde sich unser Tod auf die Notleidenden um uns auswirken? Gott drückt wiederholt sein besonderes Interesse für Witwen und Waisen aus. Er wird von ihren Tränen bewegt. Der HERR ehrt Dorkas für ihr Leben im Dienst, indem Er sie auf übernatürliche Weise zum Leben erweckt (Apg 9,40-42).

Wie kann man heutzutage wie Dorkas dienen? Auf welche Weise kann man leidende Menschen ermutigen? Die Nöte mögen sich ändern, aber allgemeine Möglichkeiten der Hilfe umfassen Saubermachen (Wäsche, Haushalt, Geschirr), Kochen, Stopfen, Botengänge, Gartenarbeit, Transporte, Krankenpflege, Einkaufen, Spaziergänge, Babysitting und sonstige Ideen, Zeit oder Geld zu geben. Eine besondere Kassette kann einen Tag für einen Kranken aufhellen.

Suchen Sie die Geschenke für den Einzelnen aus. Eine gesundheitsbewußte Person zieht vielleicht einen Korb mit Früchten einer Schachtel Pralinen vor. Als junge Witwe nach der monatelangen Sorge um meinen sterbenskranken Ehemann schätzte ich eine besondere Pflege. Vor dem Begräbnis ging eine Freundin mit mir ein neues Kleid einkaufen und eine andere Freundin gab mir Gesichtspflege und einen Haarschnitt. Aufmerksamkeiten lindern den Schmerz und beschleunigen die Genesung der Leidenden.

## Zusammenfassung

Dorkas muß eine wahrhafte Trösterin gewesen sein – eine, die das Leid nicht vergrößert, sondern den Leidenden mit Verständnis dazu verhalf, wieder zu Kräften zu kommen, und die in der Prüfung Mut machte. Sie machte wahrscheinlich nicht den Fehler, ihre eigene Ungeschicklichkeit oder ihr Unbehagen zu zeigen, was bei den Leidenden den Eindruck vermittelt, sie seien aussätzig. Sie wird ihre Freundinnen mit einer ermutigenden Frage begrüßt haben: „Ich bin mir sicher, daß du die Kraft der Gebete der Gläubigen spürst". Mit diesen Worten hat sie die Schwere der Krise nicht abgeschwächt, aber den Blick auf eine größere Macht gelenkt. Sie wußte wahrscheinlich, daß Mitleid ungesund ist, weil man, wenn man wie Petrus den Blick senkt, schnell untergehen wird (Matth 14). Wenn wir aufschauen, können wir die Prüfungen im Sieg überwinden.

Auf eine Dorkas kann man sich verlassen, wenn praktische Hilfe von Nöten ist. Sie dient denen mit Freuden, die Güte nicht erwidern können (Jak 1,27). Ihr Dienst ist für den HERRN.

# Ermutigung zu guten Werken

*Studienblatt*

1. Die Frau in Titus 2 soll gütig sein und andere lehren, Gutes zu tun (Tit 2,3-5). Nennen Sie einige Wege, wie eine Frau Gutes tun kann.

2. Überlegen Sie, was es bedeutet, Kinder geistlich zu erziehen. Inwiefern kann die Erziehung von Timotheus jemanden ermutigen, der in einem Haus ohne männlicher Leitung lebt (2. Tim 1,5; 3,14-17)?

3. Nennen Sie zumindest zwei Gründe für Gastfreundschaft Fremden gegenüber (Hebr 13,2; 5. Mose 31,12).

Führen Sie ein Beispiel an, als Sie einen Fremden bewirteten, oder als Sie als Fremde von anderen aufgenommen wurden. Wie wirkte sich dies aus?

Für welche anderen Leute sollten wir unser Heim öffnen?

Was sollten unsere Motive sein (Lk 6,35; 14,12-14)?

4. Warum betonen Verse wie Galater 6,10 den Dienst an Mitchristen? Fällt Ihnen ein Beispiel ein, als ein Ungläubiger beeindruckt war, als er die Liebe von Christen untereinander beobachtete?

Phoebe diente vielen, darunter auch Paulus (Röm 16,1-2). In welcher Weise mag sie gedient haben?

5. Eine lebendige Art, Gutes zu tun, ist das Mitteilen der Guten Nachricht an Unerrettete. Nennen Sie eine Person, der Sie in dieser Woche Zeugnis geben möchten. Beten Sie um eine Gelegenheit dazu.

6. Ein weiterer lebendiger Dienst für andere ist Gebet. Teilen Sie eine erlebte Antwort auf Fürbitte mit (Gebet für jemanden anderen).

Zählen Sie einige andere Möglichkeiten für praktische Dienste auf, die in Ihrer örtlichen Gemeinde angeboten werden.

# Ermutigung zu guten Werken

*„Lehrerinnen des Guten; damit sie die jungen Frauen unterweisen, gütig zu sein ... damit das Wort Gottes nicht verlästert werde."* (Tit 2,3.5)

Das Haus war voller Verwandter, die rund um den Eßtisch von Nanny saßen und wieder einmal auf eine ihrer köstlich zubereiteten Mahlzeiten warteten. Als sie das Brathuhn herumreichte, erinnerte sie ihre Familie, wie sie es schon oft getan hatte, das Halsstück des Huhnes für sie übrigzulassen. Die Verwandten suchten gierig nach den besten Stücken, wobei sie zueinander sagten: „Vergiß nicht, den Hals für Nanny übrigzulassen".

Erst einige Jahre später merkte die Enkelin, daß der Hals des Huhnes hauptsächlich aus Knochen besteht. Nanny, eine arme Witwe, beanspruchte es als ihr Lieblingsstück, weil es ihr Freude bereitete, anderen zu dienen und ihnen in Bescheidenheit das Beste zu geben.

Das Kind, die Tochter von unerretteten Eltern, war zehn Jahre alt, als Nanny starb. Aber der Eindruck ihres gottesfürchtigen Wandels blieb. Sie erinnerte sich an Nanny, wie sie in der Küche sang, neben dem alten Holzofen in ihrer Bibel las oder an ihrem Bett kniend betete. Dreizehn Jahre nach Nannys Tod vertraute sich die Enkelin dem HERRN an. Obwohl sie einige Zeit lang keine lebende Christin als Vorbild für ihr Leben zur Seite hatte, gab ihr die Erinnerung an Nannys Glaubensleben Orientierung und Begeisterung.

## Den Einfluß einer Frau für das Gute ausnützen

Frauen haben eine gewaltige Macht zum Guten oder Schlechten. Die Schriften erwähnen manche Frauen wegen ihres schlechten Einflusses. Eva veranlaßte den Fall des unschuldigsten Menschen, der je gelebt hat (1. Mo 3,6). Delila war für die Erniedrigung des stärksten Mannes verantwortlich, der je gelebt hat (Ri 16,16-21). Den Frauen Salomos wird bescheinigt, daß sie den weisesten Mann aller Zeiten geistlich verhärteten (1. Kön 11,3.4). Aber so, wie manche Frauen einzelne vom rechten Weg abbringen, sind andere für einen positiven Einfluß auf Menschen verantwortlich. Lydia führte ihr Haus zum Herrn (Apg 16,14.15). Wegen Rahabs Glauben wurde ihre ganze Verwandtschaft vor der Zerstörung Jerichos gerettet (Jos 6,25). Unzählige Frauen haben ihre Männer durch ein lebendiges Beispiel eines sanften und stillen Geistes in eine rechte Beziehung zu Gott gebracht (1. Petr 3,1.2). Wie eine gottlose Frau einen negativen Einfluß auf drei bis vier Generationen haben wird (2. Mo 34,7b), so wird eine gottesfürchtige Frau den Segen auf ihre Nachkommen für Generationen bringen. „Die Gnade des HERRN aber währt von Ewigkeit zu Ewigkeit über denen, die ihn fürchten, seine Gerechtigkeit bis zu den Kindeskindern" (Ps 103,17).

Es gibt eine große Zahl von Möglichkeiten, wie eine Frau ihre Gesellschaft genauso wie ihr Heim positiv beeinflussen kann. Einige der wichtigsten Wirkungsbereiche einer Frau werden in 1. Timotheus 5,10 zusammengefaßt. Dort wird eine Frau empfohlen, die „ein Zeugnis in guten Werken hat, wenn sie Kinder auferzogen, wenn sie Fremde beherbergt, wenn sie der Heiligen Füße gewaschen hat, wenn sie Bedrängten Hilfe geleistet hat, wenn sie jedem guten Werk nachgegangen ist."

## Kindererziehung

Manche Frauen geben ihrem Ehemann die Schuld für die Probleme mit ihren Kindern. Obwohl es stimmt, daß der Vater das geistliche Haupt der Familie ist, besitzt auch die Mutter große Einflußkraft. Selbst wenn der Vater die Familie nicht richtig leiten sollte, hat die Frau eine Hauptverantwortung, die Kleinen positiv aufzuziehen. Ohne seine Autorität zu untergraben, kann sie den Kindern vom Heiland erzählen.

Eunike und Lois sind ermutigende Beispiele in der Schrift für eine Mutter und eine Großmutter, die das Kind Timotheus mit Erfolg unterwiesen haben. Der Vater war ein ungläubiger Grieche (Apg 16,1-3), aber Eunike und Lois hatten einen echten Glauben (2. Tim 1,5), den auch Timotheus vorweisen konnte. Von Kindheit an lernte er die Heiligen Schriften. Er erkannte früh, daß die Bibel von Gott inspiriert ist und nützlich, um einen Mann Gottes zu jedem guten Werk auszurüsten (2. Tim 3,14-17). Eunike und Lois vermittelten nicht nur theoretisches Wissen. Sie lebten ihm den Glauben vor. Indem er ihrem Vorbild folgte, wurde er ein hingegebener Jünger und einer der verläßlichsten Mitarbeiter von Paulus. Timotheus erwarb sich in jungen Jahren eine Reife (1. Tim 4,12), die es ihm ermöglichte, viele fruchtbare Jahre des Dienstes zu erleben.

## Beherbergung von Fremden

Gastfreundschaft Fremden gegenüber wird in der Schrift oft empfohlen. „Die Gastfreundschaft vergeßt nicht, denn dadurch haben einige, ohne es zu wissen, Engel beherbergt" (Hebr 13,2). Segensreiche Überraschungen können im Dienst an Fremden liegen. Die Israeliten wurden aufgefordert, barmherzig mit Fremden zu sein. „Ihr wißt ja selbst, wie es dem Fremden zumute ist, denn Fremde seid ihr im Land Ägypten gewesen" (2. Mo 23,9).

Eine wesentliche Gelegenheit für Gläubige liegt darin, das Haus für internationale Studenten, Einwanderer oder Flüchtlinge zu öffnen. „Versammle das Volk, die Männer und die Frauen und die Kinder und deinen Fremden, der in deinen Toren wohnt, damit sie hören und damit sie lernen und den HERRN, euren Gott, fürchten und darauf achten, alle Worte dieses Gesetzes zu tun! Und ihre Kinder, die es nicht wissen, sollen zuhören, damit sie den HERRN, euren Gott, fürchten lernen alle Tage, die ihr in dem Land lebt, in das ihr über den Jordan zieht, um es in Besitz zu nehmen" (5. Mo 31,12.13). Bekehrte Ausländer können als Missionare in ihr Heimatland zurückkehren (2. Chron 6,32.33).

## Dienst an Christen

Phoebe ist ein biblisches Beispiel für eine Frau, die vielen Heiligen gedient hat. Wir können uns die Wege, wie sie geholfen hat, nur ausdenken. Die Bibel nennt nur einen besonderen Weg, wie sie diente. Man hält sie für die Überbringerin, der Paulus die Korrespondenz von Kenchreä, dem östlichen Hafen Korinths, an die Gemeinde in Rom anvertraute. Die lange und gefährliche Reise zu Land und zu See war eine herausfordernde Mission für eine Frau. Paulus hatte seinen Besuch in Rom oftmals verschoben, und es sollte noch drei Jahre dauern, bis er selbst dorthin kam. Aber er traute Phoebe zu, den Brief zu überbringen, der eines Tages der Römerbrief im Neuen Testament sein sollte. Paulus forderte, daß sie gut aufgenommen werde, und empfiehlt sie wegen ihres bisherigen Dienstes an vielen, einschließlich ihm selbst (Röm 16,1.2).

### 1. Hilfe für Leiter

Phoebe diente als Lastenträgerin für Paulus. Er profitierte persönlich von ihrem Dienst. Vielleicht setzte sie häusliche Fähigkeiten ein oder sie stellte sich für Hilfsdienste als Unterstützung zur Verfügung. Ihre treue Gebetsunterstützung stärkte ihn und ihr froher Teamgeist griff ihm unter die Arme. Gläubige sind besonders dafür verantwortlich, den Bedürfnissen der geistlichen Leiter zu dienen. „Die Ältesten, die gut vorstehen, laß doppelter Ehre würdig geachtet werden, besonders die in Wort und Lehre arbeiten" (1. Tim 5,17).

Phoebe half vielen. Sie setzte ihre geistlichen Gaben für das Wohl der Gemeinde ein, vielleicht durch Ermahnung, Beratung und Ermutigung. Als praktische Dienerin setzte Phoebe ihre Fähigkeiten und Energie ein, um Liebe zu ihren Mitgläubigen zu beweisen.

## Hilfe für die Bedrängten

Leidende sind auf andere angewiesen. Wir müssen ihnen dienen, ohne eine Gegenleistung zu erwarten. Manchmal stehen Einzelne Krisensituationen gegenüber, die kurzfristige Hilfe erfordern. Beispiele für vorübergehende Nöte sind Krankheit, die Geburt eines Kindes oder ein Todesfall in der Familie. Praktische Unterstützung in solchen Zeiten kann bedeuten, Mahlzeiten zu kochen, das Haus saubermachen, Botengänge erledigen, die Kinder hüten, Wäsche übernehmen und so weiter.

Andere Arten von Bedrängnis sind langfristige Prüfungen. Der Herr ermutigt oft zu Liebesbeweisen gegenüber Armen und Behinderten (Lk 14,12-14) und Witwen und Waisen (5. Mo 14,29; Jak 1,27).

## Zeugnis für die Verlorenen

Die Frau am Jakobsbrunnen ging vor Begeisterung über, nachdem sie den Herrn persönlich aufgenommen hatte. Als Folge ihres Glaubens vertrauten sich viele Samariter Christus an. Auch wir können von unserem Herrn erzählen, sei es zu Hause oder unterwegs. Wir können am Postamt oder im Lebensmittelladen von Jesus erzählen oder Traktate zurücklassen. Wir können das Evangelium den Lehrern der Kinder oder dem Nachbarn nebenan weitergeben. Die weise Frau hat ein offenes Auge für Gelegenheiten, um die gute Nachricht weiterzuerzählen (Spr 11,30).

Einige der besten Gelegenheiten, Zeugnis zu geben, bieten sich in Zeiten der persönlichen Anfechtung. Ein Ehepaar war Zeugnis für eine Polizistin, die zu ihnen kam, um den Krippentod ihres Kindes zu untersuchen. Als die Beamtin auftauchte, hörte sie, wie das Paar auf der Gitarre spielte und dazu sang: „Ich aber will singen von deiner Stärke und am Morgen jubelnd preisen deine Gnade; denn du bist mir eine Festung gewesen und eine Zuflucht am Tag meiner Not" (Ps 59,17). Diese Polizistin hatte selbst ein Kind durch einen plötzlichen Kindestod verloren, und sie sah eine übernatürliche Kraft in ihrem Leben. Drei Wochen später machte sie diese Kraft zu ihrer eigenen, als sie den Herrn im Gebet aufnahm.

# Gebet für andere

Gebet ist einer der stärksten Wege, Gutes zu tun. Laßt uns dazu einen Fall betrachten. Im Jahre 1943 legte der Herr einer Frau mittleren Alters zwei Gebetsanliegen für eine verrufene und gottlose höhere Schule in ihrer Gemeinde aufs Herz. Sie betete, daß in dieser Schule erstens Schüler gerettet würden und zweitens einige dieser Schüler Zeugen für Christus bis an die äußersten Enden der Erde würden. Achtzehn Jahre hindurch äußerte sie diese beiden Bitten im Glauben, daß Gott sie eines Tages auf mächtige Weise erfüllen würde.

Inzwischen entwickelte sie ein Anliegen für einen jungen Schüler in dieser Schule. Sie sandte ihm ein Johannesevangelium und betete treu. Drei Jahre später trat dieser junge Mann während einer Evangelisation von Billy Graham in Madison Square nach vorne und nahm Jesus Christus als seinen persönlichen Heiland auf.

Der Name dieses Mannes war George Verwer. Nicht lange danach nahm eine große Zahl von Studenten Christus auf. Der erste Teil des Gebetes war beantwortet. Der zweite Teil des Gebetes wird noch immer beantwortet, da der Einfluß von *Operation Mobilisation* (eine Missionsorganisation, die von George Verwer gegründet wurde) auf der ganzen Welt spürbar ist.

Es gibt besondere Verheißungen, wenn zwei oder mehrere eine Bitte im Namen des Herrn aussprechen. Wenn Frauen nicht leicht zusammenkommen können, kann Gebet am Telefon eine wirkungsvolle Form des Gebetes sein. Junge Mütter in unserer Gemeinde beten gemeinsam am Telefon, während ihre kleinen Kinder am Nachmittag schlafen. Die Kinder werden nicht aus ihrem Rhythmus gebracht, und die Mütter haben Gemeinschaft, ohne das Haus verlassen zu müssen.

## Dienst in der örtlichen Gemeinde

Viele Stunden von Hilfsdiensten sind notwendig, um Zusammenkünfte in der Gemeinde zu organisieren und für deren reibungslosen Ablauf zu sorgen. Küchendienst, Instandhaltungsarbeiten und Kinderarbeit sind notwendige Grundvoraussetzungen. Geistliche Hilfe oder gestalterische Fähigkeiten können auch zum Nutzen aller eingesetzt werden. Frauen, die befähigt sind, andere Frauen zu betreuen oder Gläubige zu schulen, sind immer gefragt, wie es geistlich reife Seelsorgerinnen auf Freizeiten oder Lehrerinnen in der Sonntagsschule sind.

Die Möglichkeiten zu dienen sind zahlreich und verschiedenartig. Jeder wird benötigt. Die kostbare Frau sucht ständig nach Gelegenheiten, den Gläubigen zu dienen und den Unerretteten Gutes zu tun. Ihr Dienst beginnt zu Hause und erstreckt sich dann nach außen zu einzelnen Personen und gemeinschaftlichen Nöten. Sie wird von Gott gebraucht, um das Leben von unzähligen anderen in positiver Weise zu verändern.

„Laßt uns aber im Gutestun nicht müde werden, denn zur bestimmten Zeit werden wir ernten, wenn wir nicht ermatten. Laßt uns also nun, wie wir Gelegenheit haben, allen gegenüber das Gute wirken, am meisten aber gegenüber den Hausgenossen des Glaubens" (Gal 6,9.10).

# Rebekka – eine Frau, die ihren Mann verriet

*Studienblatt*

1. Lesen Sie 1. Mose 27,1-35. Was fehlt Ihrer Meinung nach in der Beziehung von Isaak und Rebekka (1. Mo 25,23; 27,5-17)?

2. Wie wirkte sich ihre mangelnde Unterordnung auf andere aus?

   auf ihren Ehemann (27,33)

   auf Jakob (27,19.20.43)

   auf Esau (27,41; 28,8.9)

   Welche persönlichen Auswirkungen hatten die Taten Rebekkas (27,43-46)?

3. Erfüllte Rebekka die Bedürfnisse ihres Mannes, wie in Epheser 5,22.33 beschrieben? Glauben Sie, daß sie als Frau für Jakob leicht zu lieben war? Erklären Sie.

4. Erzählen Sie von einem Beispiel, als Sie sich unterordneten bzw. nicht unterordneten. Was waren die jeweiligen Folgen?

5. Wie könnte eine alleinstehende Frau Unterordnung vorleben, so daß eine verheiratete Frau dazu angespornt wird, sich ihrem Mann unterzuordnen?

6. Nennen Sie einen speziellen Weg, wie Sie diese Woche ihren Ehemann oder gottgegebenen Leiter ermutigen wollen.

# Rebekka – eine Frau, die ihren Mann verriet

*„Ihr vertraut das Herz ihres Mannes, und an Ausbeute wird es ihm nicht fehlen. Sie erweist ihm Gutes und nichts Böses alle Tage ihres Lebens."* (Spr 31,11.12)

Sie kannte ohne Zweifel den Willen Gottes in dieser Angelegenheit. Ein Engel des Herrn erschien Rebekka und Isaak, ihrem Ehemann. Der himmlische Bote verkündete Gottes Plan. Entgegen der damaligen Tradition würde ihr älterer Zwillingssohn dem Jüngeren dienen (1. Mo 25,21-23; Röm 9,10-12).

Aber Isaak bevorzugte den Erstgeborenen Esau (1. Mo 25,27). Jahre später, als Rebekka hörte, wie er Vorbereitungen traf, seinen Lieblingssohn zu segnen, beeilte sie sich, den Plan zu vereiteln.

Der Ehemann der Frau aus Sprüche 31 konnte seine Frau preisen, nicht so Isaak. Die schöne Rebekka hatte gute Voraussetzungen. Im Glauben hatte sie freiwillig ihre Familie verlassen und reiste 900 Kilometer in ein fremdes Land, um einen Mann zu heiraten, von dem sie wußte, daß Gott ihn für sie ausgewählt hatte (1. Mo 24,56-61). Als sie ihren zukünftigen Mann das erste Mal erblickte, bedeckte sie sich selbst mit einem Schleier (1. Mo 24,64.65). Dieses einfache Zeichen ist vielleicht ein Schatten auf die Kopfbedeckung, die christliche Frauen in der Anbetungszeit als Symbol für die Unterordnung unter die Männer tragen (1. Kor 11,1-16). Rebekka unterwarf sich Isaak und er antwortete ihr mit Liebe (1. Mo 24,67). Es war eine romantische Geschichte, aber sie lebten nicht für immer glücklich.

Leiter machen Fehler, und Isaak war da keine Ausnahme. Als die Zeit kam, seine Kinder zu segnen, überschattete Isaaks persönliche Vorliebe den Willen Gottes. Wenn er mehr mit Gott harmoniert hätte, würde er erkannt haben, daß der Erstgeborene einen zu fragwürdigen Charakter hatte, um den geistlichen Segen zu ererben. Esau schätzte gering, was der Herr für heilig erachtete (1. Mo 25, 29-34; Hebr 12,16), und verkaufte sein Erstgeburtsrecht um einen Topf Linsen. Sehr zur Betrübnis seiner Eltern heiratete er auch eine heidnische Frau (1. Mo 26,34.35).

Rebekka sah, wie ihr Mann einen Fehler beging, und vergaß, ihre eigene

Verantwortung Gott gegenüber zu sehen. Sie hätte Isaak an die Vorhersage des Engels erinnern und die Ergebnisse dem Herrn überlassen können. Doch anstatt dessen nahm sie die Dinge in die eigene Hand. Obwohl sie einst fähig gewesen war, Gott zu vertrauen, fühlte sie sich nun verpflichtet, Ihm aus der vermeintlichen Patsche zu helfen. Sie entschied, ihren Mann zu täuschen und Esau zu betrügen. Sie bekam, was sie wollte, weil Gott Jakob den Segen geben wollte, aber sie litt für ihr sündhaftes Verhalten. Ihre untreuen Taten und Intrigen zogen die ganze Familie in Mitleidenschaft, brachten ihr selbst unnötigerweise Kummer und zogen auf Generationen schlechte Auswirkungen nach sich.

Ihre Entscheidung, die Leiterschaft von Isaak an sich zu reißen, hatte Einfluß auf ihr eigenes Leben, auf das ihrer engsten Familie und auf das Leben der Menschen in ihrer Gemeinschaft.

*1. Die Auswirkung ihrer mangelnden Unterordnung auf ihre Familie*

Anstatt für Isaak eine Gehilfin zu sein, der er vertrauen könnte, begab sich Rebekka in Streit mit ihrem Partner und brachte ihm Kummer (1. Mo 27,33). Die Sache wäre anders ausgegangen, hätte Rebekka dem Herrn vertraut, daß er durch ihren Ehemann wirken könnte. Sie hätte ihn an die Vorhersage des Engels erinnern können, daß Esau Jakob dienen werde. Sie nahm fälschlicherweise an, daß er niemals hören würde, obwohl er doch in anderen Bereichen auf ihre Worte hin handelte (1. Mo 27,46; 28,1). In Wirklichkeit ehrte der Herr Jakob für sein Verhalten zu seinen Kindern: „Durch Glauben segnete Isaak auch im Hinblick auf zukünftige Dinge den Jakob und den Esau" (Hebr 11,20).

Ihre Söhne verloren den Frieden, den sie hätten haben können. Jakob lernte heimtückisch und unaufrichtig zu sein. Er betrog seinen Vater und log dreimal, um seinen Betrug zu verbergen (1. Mo 27,18-30). Später mußte Jakob auf harte Weise lernen, daß ein Betrüger selbst betrogen wird. Zunächst überlistete ihn sein Schwiegervater (1. Mo 29,25) und dann führten ihn seine eigenen Kinder in die Irre (1. Mo 27,31-35). Er erntete seine betrügerischen Taten in den 20 Jahren des Dienstes bei Laban und 22 Jahren der unnötigen Trauer über seinen Sohn Joseph. Siebzehn Jahre vor seinem Tod mit 147 Jahren sagte Jakob: „Wenig und böse waren die Tage meiner Lebensjahre" (1. Mo 47,9).

„Und Esau war dem Jakob feind wegen des Segens, mit dem sein Vater ihn gesegnet hatte; und Esau sagte in seinem Herzen: ... Ich werde meinen Bruder Jakob erschlagen" (1. Mo 27,41). Weil er von seiner Mutter und seinem Bruder betrogen worden war, nährte er Bitterkeit, die ihn verzehrte. Er beschloß, seiner Familie absichtlich zu mißfallen. Als er hörte, daß Jakob keine kanaanitische Frau heiraten sollte, nahm er sich aus Bosheit die Tochter Ismaels zur Frau (1. Mo 28,8.9).

## 2. Die persönlichen Folgen der mangelnden Unterordnung Rebekkas

Als Rebekka von Esaus Plan, Jakob zu ermorden, erfuhr, sandte sie ihren Sohn, den sie mit unlauteren Mitteln erhöhen wollte, ins Exil. Sie sah ihren Lieblingssohn nie wieder. Als er zwanzig Jahre später zurückkehrte, war sie tot.

## 3. Die Auswirkung ihrer mangelnden Unterordnung auf die Nationen

Die Bitterkeit Esaus gegenüber seinem Bruder, der ihn reinlegte, setzte sich auf Generationen fort. Jahrhundertelang würden die Edomiter, die Nachkommen Esaus, die Feinde des Volkes Israel sein. In 4. Mose 20,18-21 hinderten sie die Israeliten daran, durch ihr Land zu ziehen. Hadad, ein Mitglied der königlichen Familie Edoms, wurde einer der größten Feinde Salomos (1. Kön 11,14-23). Als Nebukadnezar Jerusalem belagerte, bekam er Unterstützung von den Edomitern, die ihm halfen, die Juden niederzumetzeln und die Stadt zu plündern. Später verurteilten sechs verschiedene Propheten die Grausamkeit der Edomiter gegenüber den Juden an dem Tag ihres Falles. Bekannte Nachkommen von Esau ist die Sippe der Heroiden: Herodes der Große, der Jesus als Kind umbringen wollte (Matth 2,13), Herodes Antipas, der den Kopf von Johannes dem Täufer auf einer Silberschüssel forderte (Mk 6,14.27.28), und Herodes Agrippa I., der Jakobus hinrichtete und Petrus gefangennahm (Apg 12,1-4).

Die Geschichte Rebekkas illustriert das Prinzip, daß jemandes Fehler nicht die Sünde eines anderen rechtfertigt. Die geistliche Blindheit Isaaks war kein ausreichender Grund für Rebekkas Intrige. Zwei Fehler ergeben größere Sünde. Um Gewöhnung an Sünde zu durchbrechen, muß man sich für Veränderung einsetzen. Schwache Leiterschaft ist keine Entschuldigung für Verrat.

## Unterordnung einer alleinstehenden Frau

Frauen sind von Unterordnung nicht einfach deswegen ausgenommen, weil Männer aus irgendeinem Grund nicht wirksam leiten. Wenn die Frauen das Ruder in die Hand nehmen, werden die Männer noch weiter geschwächt, was ihnen nicht hilft. Männer brauchen Frauen, die weise genug sind, sie zu unterstützen, damit sie wachsen können. Betty

Elliot lernte dies als alleinstehende Witwe auf dem Missionsfeld. Sie schildert:

„Ich halte es nicht für richtig, wenn Frauen regelmäßig in der Sonntagsschule Erwachsene lehren. Es scheint mir, daß es wesentlich besser wäre, wenn ein Mann dies tut. Wenn eine Frau es macht und sagt, es gäbe keinen Mann dafür, dann verhält sie sich nicht richtig.

Oft sind Männer einfach deswegen nicht dazu bereit, weil Frauen es tun. Dann sind sie diejenigen, die ungehorsam sind. Aber wenn Frauen diesen Dienst ablehnen würden, dann finden sich Männer, die es tun können und wollen.

Vom ersten Tag an, als mein Mann von den Aucas getötet wurde, begann ich, Männer zu lehren, weil ich buchstäblich die einzige Person war, die eine Bibel besaß (wir hatten noch keine Übersetzung in ihrer Sprache).

Ich hatte keinen Zweifel darüber, daß ich sie lehren mußte. Ich betrachtete es als vorübergehende Lösung; meine Aufgabe war es, mich aus dieser Aufgabe hinauszubewegen und Männer zu ermutigen, sie zu übernehmen. Es war ihre Verantwortung, die Gemeinde voranzutreiben, nicht meine.

Ich betreute sie persönlich und einzeln bei der Vorbereitung für die Sonntagspredigt, und sie hielten die Predigt. Ich hätte eine bessere Predigt halten können, aber darum ging es nicht. Die wichtigste Sache war, daß sie die Verantwortung in der Gemeinde übernehmen sollten." [1]

Betty ermutigte bereitwillig Männer, als ihre Leiter zu wachsen. Es war keine Frage der Befähigung. Sie war begabt, aber sie vervielfachte ihre Gabe, indem sie andere dazu ermutigte, als Leiter zu wachsen. Sie konnte ihre Leitung abgeben, weil sie erkannt hatte, daß Gott die oberste Führung innehat. Ihre Absicht war es nicht, Menschen zu manipulieren, sondern den Herrn zu verherrlichen. Sie legte den verheirateten Frauen in dem Indianerstamm ein positives Beispiel vor.

[1]  Sharon Johnson, The Biblical Woman: But What Can She Do?, Moody Monthly, Februar 1983, Seite 12.

## Zusammenfassung

Menschen behaupten oft, sie müßten die Autorität an sich reißen, weil der Leiter nicht richtig arbeitet. „Einer muß es tun!", wird erklärt. Rebekka ist ein Beispiel dafür, wie einem diese Tat auf den Kopf fallen kann. Wie besser wäre es gewesen, hätte sich Rebekka an ihren Mann gewandt und ihn an das Versprechen des Herrn erinnert. Vielleicht wäre Jakob kein Betrüger geworden, und Esau hätte keine Bitterkeit gegen seinen Bruder gehabt. Esau wäre in der Wahl seiner Ehefrau sorgfältiger gewesen (1. Mo 28,8.9).

Wir täten gut daran, uns auf der anderen Seite Sara zum Vorbild zu nehmen. „Denn so schmückten sich auch einst die heiligen Frauen, die ihre Hoffnung auf Gott setzten und sich ihren Männern unterordneten" (1. Petr 3,5). Auflehnung kommt von einem falschen Selbstvertrauen. Unterordnung und Ehrerbietung wachsen aus dem Vertrauen auf den Herrn. „Nur auf Gott vertraue still meine Seele, denn von ihm kommt meine Hoffnung" (Ps 62,6).

# Zur Unterordnung in der Ehe ermutigen

*Studienblatt*

1. Bedeutet die gottgegebene Leiterschaft, daß eine Person das Recht hat, chauvinistisch zu sein oder seine Stellung anderen gegenüber auszuspielen? Erklären Sie die Absicht Gottes bezüglich Leiterschaft (1. Petr 5,3-6)!

   Was passiert, wenn niemand verantwortlich ist?

2. Führen ist nicht einfach. Welche Art von Unterstützung wäre Ihnen hilfreich, wenn Sie die Leiterin wären?

   Betrachten Sie sich als Diener und Nachfolger. Denken Sie daran, der Leiter ist Gott dafür verantwortlich, wie er leitet, Sie sind dafür verantwortlich, wie gut Sie mit Ihrer Rolle zurecht kommen. Wie kann die Auslegung von Matthäus 7,1-5 helfen, eine kritische Einstellung Leitern gegenüber zu überwinden?

3. Wenn Sie von einem Leiter hart behandelt werden, welcher Schritt ist der beste für einen Nachfolger (1. Petr 2,18-3,6)? Warum ist die Antwort wichtig?

4. Wenn ein Leiter eine falsche Entscheidung zu treffen scheint, wird ein weiser Nachfolger seine Ängste in einem solchen Geist mitteilen, daß die letzte Entscheidung dennoch beim Leiter verbleibt. Wie demonstriert Daniel diese Vorgehensweise, an einen Leiter zu appellieren (Daniel 1,3-15)?

5. Wenn menschliche Autorität mit Gottes Autorität im Widerspruch steht, wer ist dann die letzte Autorität (Röm 13,1-7 und Apg 4,18-20)? Erklären Sie!

6. Welche Ergebnisse, falls möglich, können Sie über Ihren Versuch in der letzten Woche mitteilen, Ihren Ehemann oder gottgegebenen Leiter zu ermutigen?

# Zur Unterordnung in der Ehe ermutigen

*„... damit sie die jungen Frauen unterweisen,... den eigenen Männern sich unterzuordnen, damit das Wort Gottes nicht verlästert werde."* (Tit 2,4.5)

Wie sollte sich eine christliche Ehefrau verhalten, wenn ihr Mann einen Fehler macht? Wie kann sie ihn bewundern, wenn er unvollkommen ist? Eine Frau in unseren Tagen dient als Beispiel für ein richtiges Verhalten. Um finanziellen Druck zu mildern, erwog ihr Mann, eine riskante Investition zu tätigen. Als er seine Frau nach ihrer Meinung fragte, gab sie zu: „Ich bin von dieser Idee nicht begeistert. Warnt uns nicht die Bibel davor, rasch reich werden zu wollen?"

Sie diskutierten das Für und Wider, dann überließ sie ihm die letzte Entscheidung. In ihren stillen Gebeten in dieser Nacht sagte sie zum Herrn: „Ich glaube, daß diese Investition ein Fehler ist. Wenn er es macht, haben wir vielleicht kein Geld mehr, um Lebensmittel zu kaufen. Aber es ist nicht meine Aufgabe, ihm zu sagen, was er zu tun hat. Das ist deine Verantwortung, Herr. Im Glauben möchte ich Dir vertrauen, daß Du für mich sorgen und darauf sehen wirst, daß ich etwas zu essen haben werde."

Nach ihrem Gebet hatte sie Frieden. Während der folgenden Wochen sah sie, wie ihr Mann den Kauf vorbereitete. Er sprach von seiner Klugheit und von dem Geld, das er machen würde. Früher hätte sie wahrscheinlich an ihm herumgenörgelt, aber sie hatte inzwischen gelernt, daß Nörgeln die Sache nur schlimmer macht. Wenn sie versucht war zu kritisieren, betete sie. Gott half ihr, sachlich und unparteiisch zu bleiben wie ein Zuschauer. Sie richtete ihre Aufmerksamkeit auf positive Dinge. Als Ehepaar lachten sie miteinander und tauschten frohe Erinnerungen aus.

Sechs Monate später brach der Finanzplan zusammen. Anstatt mehr zu gewinnen, verlor der Ehemann ihre Ersparnisse. Er kam nach Hause – überrascht, entmutigt und verwirrt. Als er das Haus betrat, in Gedanken damit beschäftigt, was wohl falsch gelaufen ist, hielt sie die Worte „Ich habe es ja gesagt" zurück. Nach einiger Zeit kam er zu ihr und entschuldigte sich für seine schlechte Verwaltung ihrer Finanzen. Gemeinsam beteten sie für das notwendige Geld für Lebensmittel.

Er lernte eine Lektion, die er niemals vergaß, weil seine Frau zurückstand und ihm Raum für Fehler gab. Ihre Beziehung zueinander wurde tiefer und er wurde ein stärkerer Leiter. Sie lernte, auf Gott zu vertrauen, und der Herr versorgte sie in erstaunlicher Weise mit den nötigen Lebensmitteln.

## Szenen einer Ehe

Es gibt drei Möglichkeiten für eheliche Beziehungen, zwei davon sind unangenehm. Eine Frau kann sich Verantwortung für einen schwachen Mann anmaßen oder ihren Willen mit dem eines starken Mannes messen. Oder sie erlangt, was erstrebenswerter ist, Befriedigung und Zufriedenheit darin, sich in geschickter Weise ihrem Ehemann anzupassen und ihn als Leiter zu ermutigen. Wenn ein Ehemann schwach ist, dann fühlt er sich minderwertig, und oft verachtet seine Frau diesen Mangel an Männlichkeit, vielleicht ohne zu erkennen, daß sie viel Schuld daran trägt, daß er als Leiter versagt. Wenn ein Ehemann andererseits um die Führung zu Hause kämpfen muß, dann ist das Leben voll Uneinigkeit und Streit. Nur durch den Plan Gottes können beide Partner ihr Potential voll verwirklichen. Eine der großartigsten Wege, wie eine Frau ihren Mann lieben kann, ist es, sich seiner Leitung unterhalb von Gott unterzuordnen und seine Stellung als Haupt der Familie anzuerkennen (Eph 5,22.23).

Wenn eine Frau ihrem Ehemann gehorcht und ihn ehrt, lehrt sie durch ihr Vorbild ihre Kinder, wie man den Eltern gehorcht und sie ehrt. Wenn zwischen Partnern eine gute Beziehung herrscht, ist eine Frau mehr angespornt, ein reines Leben zu führen, einfallsreich für das Haus zu sorgen und mit Freuden Gutes zu tun. Da alle Menschen unter einer gottgegebenen Autorität stehen, kann auch die unverheiratete Frau eine rechte Einstellung an den Tag legen, wie man Leiter unterstützt.

## Was ist Unterordnung?

Unterordnung bedeutet, Gott oder der von ihm eingesetzten Autorität demütigen und vernünftigen Gehorsam zu erweisen. Es handelt sich um eine innere Herzenseinstellung, für die ein besonderer Segen verheißen ist. „Demütigt euch nun unter die mächtige Hand Gottes, damit er euch erhöhe zur rechten Zeit" (1. Petr 5,6). Unterordnung unter menschliche Leiter umfaßt das Vertrauen auf Gott, daß er durch sie wirkt, und zugleich die Unterwerfung unter ihr Urteil oder ihre Entscheidung. Man spricht davon, „sich anzupassen" oder „einverstanden zu sein". Man kann Unterordnung mit dem Begriff „kein Widerstand" zusammenfassen. Um zu klären, was Unterordnung ist, wollen wir überlegen, was Unterordnung nicht ist.

## 1. Unterordnung ist nicht Minderwertigkeit

Christus ist mit Gott, dem Vater, gleich, dennoch gab er uns ein Beispiel für Unterordnung (Phil 2,1-11). Wie Jesus während seines Erdenlebens in seiner Gottheit mit Gott gleich war (Joh 10,30) und trotzdem seiner Autorität untergeordnet war (Joh 14,28), so sind Frauen, wiewohl sie den Männern im Reich Gottes gleich sind (Gal 3,28), der Autorität des Mannes in der Familie und in der Gemeinde untergeordnet (Eph 5,22-24; 1. Kor 11,3). In der göttlichen Ordnung hat kein Gedanke Platz, daß der Mann überlegen und die Frau minderwertig wäre, weder was den Wert noch was die Fähigkeiten betrifft. Gott möchte niemanden erheben (1. Petr 5,3). Die Unterordnung von Frauen unter die Männer ist nur funktionell und nicht im Wesen begründet.

## 2. Unterordnung ist nicht das Ende des Verstandes

Die Rolle der Unterordnung bringt gute Möglichkeiten für Kreativität und Individualität mit sich, die in nützlicher Weise verwirklicht werden können. Es ist der Weg Gottes, wie man Gaben der Intelligenz, der Einsicht und der Urteilsfähigkeit ohne übermäßigen Druck und übermäßige Verantwortung einsetzen kann.

## 3. Unterordnung ist nicht unerfülltes Leben

Unterordnung hilft, Talente und Fähigkeiten in wirksamerer Weise einzusetzen, und schenkt daher wahre Erfüllung. Wenn wir Gottes Plan verwirklichen, können wir tiefste Befriedigung in unserem Leben erlangen. Wenn wir uns Christus unterordnen, sind wir frei (2. Kor 3,17.18; Jak 1,25). Wenn wir unseren „Teamkapitän" anerkannt haben, sind wir von der ständigen Frage „Wer entscheidet dieses Mal?" befreit.

## 4. Unterordnung ist nicht Schüchternheit

Unterordnung ist eine Herzenseinstellung und keine persönliche Eigenschaft. In Wirklichkeit kann eine „scheue" Person eine unterdrückte Rebellion in sich tragen, die plötzlich hervorbrechen kann. Eine offenere Person wird weniger dazu neigen, Dinge in sich hineinzufressen.

## 5. Unterordnung ist nicht Passivität

Es verlangt aktive und konzentrierte Anstrengung, um jemand anderem zu folgen. Von Natur aus sind die Menschen selbstsüchtig und eigenwillig. Göttliche Unterordnung ist unmöglich ohne göttliche Hilfe. Die erste Sünde in diesem Universum war die Rebellion Satans gegen die Herrschaft Gottes. Er sagte in seinem Herzen: „Zum Himmel will ich hinaufsteigen, hoch über den Sternen Gottes meinen Thron aufrichten und mich niedersetzen auf den Versammlungsberg... Ich will hinaufsteigen auf Wolkenhöhen, dem Höchsten mich gleich machen" (Jes 14,13.14). Die Versuchung, welche die Schlange Eva anbot, lautete: „Ihr werdet sein wie Gott" (1. Mo 3,5). Wir haben denselben Geist der Rebellion und Selbsterhöhung geerbt. Nur durch die neue Natur, die wir durch den Glauben an Christus bekommen haben, können wir unseren Willen demjenigen unterordnen, der Autorität über uns hat.

### 6. Unterordnung bedeutet nicht, ein „Ja-Sager" zu sein

Eine gute Nachfolgerin weiß, wann sie bei Entscheidungen die Quellen möglicher Gefahren objektiv aufzeigen muß. Sie beißt nicht einfach ihre Zähne zusammen und sieht zu, wie ihr Leiter stolpert. Mit einem stillen und sanften Geist teilt sie ihre Einsichten mit, überläßt aber die letzte Entscheidung ihm (1. Petr 3,4). Beim konstruktiven Planen sind zwei besser dran als einer, solange sie nicht um das letzte Wort kämpfen. Eine Frau, die sich unterordnet, ist keine Bedrohung sondern eine Mitarbeiterin.

## Gott ist die letzte Autorität

Wir sollen irdischer Autorität nur soweit gehorchen, als dies in Einklang mit Gottes Autorität steht. Gott hat irdischen Leitern nicht Macht verliehen, damit sie gegen seine eigene Autorität Einspruch erheben könnten. Beispielsweise befahl man den ersten Aposteln, „sich überhaupt nicht in dem Namen Jesu zu äußern noch zu lehren". Petrus und Johannes antworteten mutig: „Ob es vor Gott recht ist, auf euch mehr zu hören als auf Gott, urteilt selbst!" (Apg 4,18.19). In den seltenen Fällen, in denen eine menschliche Autorität Ungehorsam gegenüber den höheren Geboten Gottes verlangt, sollte der Gläubige für die höhere Autorität einstehen.

Unterordnung beschränkt sich nicht auf Ehefrauen. Unterordnung ist eine Lebenstatsache. Alle Menschen stehen unter irgendeiner Autorität, die Gemeindeleiter (Hebr 13,17), Eltern (Eph 6,1-3), Arbeitgeber (1. Petr 2,18) oder die Regierung sein können (1. Petr 2,13.14). Sogar der König untersteht Gott. Die Anweisung, sich menschlicher Autorität unterzuordnen, birgt die Erinnerung in sich, daß die wahre Autorität hinter allem Christus ist. Es ist Gott, der sogar bestimmt, wer in die höchsten Positionen erhoben wird (Ps 75,6.7). Was die Regierungsmitglieder betrifft, werden wir aufgefordert, uns den übergeordneten Mächten unterzuordnen,

„denn es ist keine staatliche Macht außer von Gott, und die bestehenden sind von Gott verordnet" (Röm 13,1). Älteste stehen uns vor in dem Herrn. Kinder, die noch zu Hause leben, sollen den Eltern gehorsam sein, denn dies ist wohlgefällig im Herrn (Kol 3,20), und wir sollen uns Arbeitgebern unterordnen als dem Herrn (Eph 6,5-8).

## Die Befehlskette ist zum Segen für die Nachfolger

Es fällt leichter, sich jemandem unterzuordnen oder jemanden zu ehren, der von Gott in eine bestimmte Stellung gesetzt wurde, wenn wir erkennen, daß unser positives Verhalten zu unserem eigenen Wohl dient. Als eine Folge davon, werden wir stärkere Aufseher haben. Ein Leiter ist mehr um die Nöte seiner Mitarbeiter besorgt, wenn er nicht länger um seine Stellung kämpfen muß.

Indem wir uns den Führern und den Gesetzen des Landes unterwerfen, bringen wir „die Unwissenheit der unverständigen Menschen zum Schweigen" (1. Petr 2,15), empfangen Ehre von den Herrschenden (Röm 13,3), entgehen Bestrafung (Röm 13,3.4) und haben ein gutes Gewissen (Röm 13,5). Wenn wir Älteste in der Gemeinde achten und uns ihrer Führung unterordnen, bereiten wir ihnen Freude und helfen ihnen dadurch, ihre Leitung für uns gewinnbringend zu gestalten (Hebr 13,17). Der hoch geachtete Ehemann kann seine Aufgabe, sich für seine Frau hinzugeben und sie zu nähren, besser erfüllen (Eph 5,32.33). Eltern werden zu einer gottgegebenen Quelle der Führung und Sicherheit für ihre Kinder (Spr 6,20-23). Arbeitgeber machen es uns möglich, die Sorgfalt und Treue des Herrn zu demonstrieren, und dadurch von Ihm, entsprechend unserem Dienst, belohnt zu werden (Kol 3,22-25).

Diese Ordnung in der Befehlskette ist als unser Schutz gedacht. Harmonie entsteht, wenn wir Respekt zeigen. Verwirrung folgt, wenn wir Dinge in unsere eigenen Hände nehmen wollen.

## Teamgeist bringt Erfolg

Das beste Fußballteam ist nicht unbedingt dasjenige mit den besten Einzelspielern. So ist es auch im Leben. Teamarbeit ist für langfristigen Erfolg erforderlich. Wir sollten niemals im Wettstreit mit unseren Leitern arbeiten sondern stets in Einklang mit ihnen. Wer kritisiert und die Autorität des Leiters für sich beansprucht, ist wie ein Fußballer, der immer in der Position von anderen spielt. Auf lange Sicht wird das Spiel dadurch nicht besser. Wenn jemand versucht, die Arbeit eines anderen zu tun, was wird passieren, wenn seine eigene Aufgabe getan werden muß? Er schwächt nicht nur den Spieler, den er dadurch eingeschüchtert hat, daß er sein mangelndes Vertrauen auf dessen Fähigkeiten gezeigt hat, sondern er läßt auch seine eigene Stelle im Stich. Der beste Spieler für eine Aufgabe in einem Teamsport ist der, dem die Aufgabe anvertraut wurde.

Ebenso wird eine Frau auf lange Sicht versagen, wenn sie ihren Mann herunter macht oder seine Verantwortung als Haupt zu Hause übernimmt. Sie wird in der ihr zugedachten Rolle als Ehefrau und Mutter nicht mehr ihr Bestes geben können, weil sie einen Ehemann und Vater entmutigt hat, der dadurch weniger fähig für die Leitung sein wird. Die Frau mit Teamgeist erkennt ihre Abhängigkeit von dem Leiter. Sie stehen und fallen gemeinsam.

# Ruth – eine unverheiratete kostbare Frau
*Studienblatt*

1. Lesen Sie das Buch Ruth im Überblick und beantworten Sie folgende Fragen. Was war Ruth in Begriff zu verlieren, als sie sich Noomi anschloß (Ruth 1,8-18;2,11)?

   Was würde sie gewinnen?

2. Beschreiben Sie, was die erste Priorität im Leben Ruths war (Ruth 1,16;2,11.12).

   Umschreiben Sie Matthäus 6,33 und wenden Sie das Prinzip auf Ruth an.

3. Wie hatte Boas von Ruths Charakter erfahren (Ruth 2,11.12; 3,11)?

Warum ist die objektive Beurteilung durch andere ein wichtiges Element bei der Partnerwahl?

4. Außer der Frau in Sprüche 31 (V. 10) ist Ruth die einzige Frau in der Schrift, die als „tüchtige Frau" bezeichnet wird (Ruth 3,11). Beschreiben Sie mit Hilfe eines Wörterbuches „tüchtig".

Nennen Sie Charaktereigenschaften (wie Treue), die in Ruths Leben sichtbar werden. Erklären Sie.

5. Wie segnete der Herr Ruth als Folge ihres Glaubens? Wie verwendete er sie, um anderen zum Segen zu werden?

6. Fällt Ihnen eine Situation in Ihrem Leben ein, in der Gott Ihren Glauben segnen konnte? Schildern Sie.

# Ruth – eine unverheiratete kostbare Frau

*„Eine tüchtige Frau – wer findet sie? Weit über Korallen geht ihr Wert."*
(Spr 31,10)

Die junge Witwe bemühte sich, sich im Leben ohne ihren Mann zurecht-zufinden. Ruth, eine Moabiterin, hatte den Sohn einer hebräischen Familie geheiratet, die in ihrem Land lebte. Entsprechend den Gebräuchen erwar-tete man von Ruth, daß sie bei ihren Verschwägerten blieb, bis sie wieder heiratete. Aber der Vater und die Brüder ihres Mannes waren auch gestor-ben, und so blieb Noomi, ihre verwitwete Schwiegermutter, notleidend übrig. Sie konnte nicht für Ruth sorgen. Um selbst überleben zu können, entschloß sie sich, in ihr Heimatland zurückzukehren.

Das Volk Israel hieß Bürger aus Moab nicht herzlich willkommen. Moses hatte sie in 5. Mose 23,4-7 gewarnt: „Ein Ammoniter oder Moabiter darf nicht in die Versammlung des HERRN kommen; auch die zehnte Generation von ihnen darf nicht in die Versammlung des HERRN kom-men... Du sollst ihren Frieden und ihr Wohl nicht suchen alle deine Tage, für ewig." Ruth konnte keine herzliche Aufnahme in Noomis Heimat erwarten.

„Noomi sagte zu ihren beiden Schwiegertöchtern: Geht, kehrt um, jede in das Haus ihrer Mutter! Der HERR erweise euch Gnade, so wie ihr sie den Verstorbenen und mir erwiesen habt! Der HERR gebe es euch, daß ihr Ruhe findet, eine jede in dem Haus ihres Mannes!"

Und sie küßte sie. Da erhoben sie ihre Stimme und weinten und sagten zu ihr: „Nein, sondern wir wollen mit dir zu deinem Volk zurückkehren!"

Doch Noomi sagte: „Kehrt nur um, meine Töchter! Wozu wollt ihr mit mir gehen? Habe ich etwa noch Söhne in meinem Leib, daß sie eure Männer werden könnten? Kehrt um, meine Töchter, geht! Ich bin ja zu alt, um eines Mannes Frau zu werden. Selbst wenn ich spräche: Ich habe noch Hoffnung! – wenn ich gar diese Nacht eines Mannes Frau werden würde und sogar Söhne gebären sollte, wolltet ihr deshalb warten, bis sie groß würden? Wolltet ihr euch deshalb abgeschlossen halten, ohne eines Man-nes Frau zu werden? Nicht doch, meine Töchter! Denn das bittere Leid, das mir geschah, ist zu schwer für euch. Ist doch die Hand des HERRN gegen mich ausgegangen." (Ruth 1,8-13)

Menschlich gesprochen wäre die logische Antwort von Ruth, in das Haus ihres Vaters zurückzukehren. Orpa, ihre Schwägerin, wählte diesen Weg. Noomi zu begleiten, bedeutete die Rolle einer Fremden und einer Verstoßenen in einem feindlichen Land einzunehmen. Wiederverheiratung wäre eine trostlose Aussicht. Noomi selbst war nicht die erfreulichste Begleitung. Sie war bitter wegen des tragischen Todes ihres Mannes und ihrer Söhne.

Aber Noomi konnte Ruth etwas anbieten, was das Opfer wert war. Noomi diente dem einen wahren Gott. Ruth hatte Jahwe als ihren persönlichen Herrn angenommen. Sie hing an ihrer Schwiegermutter.

„Siehe," sagte Noomi, „deine Schwägerin ist zu ihrem Volk und zu ihrem Gott zurückgekehrt. Kehre auch du um, deiner Schwägerin nach!"

Aber Ruth sagte: „Dringe nicht in mich, dich zu verlassen, von dir weg umzukehren! Denn wohin du gehst, dahin will auch ich gehen, und wo du bleibst, da bleibe auch ich. Dein Volk ist mein Volk, und dein Gott ist mein Gott." (Ruth 1,15-17)

Römer 10,11-13 erklärt die Antwort des Herrn auf Ruths Entscheidung: „Denn die Schrift sagt: Jeder, der an ihn glaubt, wird nicht zuschanden werden." Gott bereitete den Weg für Ruth in Bethlehem vor.

Ein Gesetz Mose sorgte für die Armen in Israel. Der Herr gebot den jüdischen Bauern, etwas von dem Korn zurückzulassen, anstatt das Feld vollständig abzuernten. Bedürftige Menschen konnten den Arbeitern folgen und Nachlese halten beim übriggelassenen Obst und Getreide.

Als Ruth ausging, um Ähren zu lesen, hätte sie viele Plätze auswählen können, aber es sollte sein, daß sie das Feld von Boas, eines nahen Verwandten, wählte. Interessanterweise hatte Boas eine heidnische Mutter, Rahab, die bekehrte Hure aus Jericho. Er wußte, daß eine Heidin stark im Glauben sein konnte. Seine Abstammung verminderte die Vorbehalte, die er Ruth gegenüber sonst haben würde.

Gott hatte dafür vorgesorgt, wie eine Heirat zwischen Boas und Ruth kulturell annehmbar war. Der HERR verordnete eine hebräische Sitte, welche die Warnung in 5. Mose 23,3-6 aufhob. In 5. Mose 25, 5-10 befahl Mose, daß sich eine kinderlose Witwe an ihren Schwager wenden und die Heirat verlangen kann, um Kinder in dem Namen des verstorbenen Mannes aufzuziehen.

Boas war nicht verpflichtet, Ruth zu nehmen. Er war nicht der engste Verwandte. Er entschloß sich, sie zu schützen, weil er ihr Leben beobachtet hatte. Er achtete darauf, was andere sagten. Er sah eine Frau mit Charakter, und er ergriff die Initiative, um sie zu gewinnen.

Wenn ich Bibelgruppen von unverheirateten Mädchen oder von Frauen, die wieder alleine sind, leite, höre ich oft Klagen, wenn wir Sprüche 31 studieren. „Diese Stelle frustriert mich bloß", sagen einige. „Ich habe keinen Ehemann. Ich kann all diese Dinge jetzt noch nicht tun!" Ich antworte oft darauf mit der Geschichte Ruths. Obwohl sie unverheiratet war, lebte die Moabiterin alle Eigenschaften vor, die in Sprüche 31 beschrieben werden.

Eine Frau muß nicht verheiratet sein und Kinder haben, um sich die Frau in Sprüche 31 zum Vorbild zu wählen. Einige werden nie heiraten, andere werden wieder alleine sein. Eine Mutter bringt zu einer Zeit Kinder auf die Welt. Später wird sie erleben, wie die Kinder das Heim verlassen. Das Leben einer Frau hat verschiedene Abschnitte – es wechselt ständig, aber Charaktereigenschaften überleben die verschiedenen Situationen.

## Ruths Vorbild

Als Frau eines führenden Mannes in der Gesellschaft, hatte die Frau in Sprüche 31 Mägde und Diener. Ruth war eine arme Feldarbeiterin, eine Fremde und Witwe. Trotzdem waren beide erfolgreich wegen derselben Eigenschaften.

### 1. Glauben

Ruth vertraute persönlich auf Jahwe (Ruth 1,16), sie lehnte es ab, zu den Göttern ihres Volkes zurückzukehren. Sie opferte familiäre Beziehungen, Kultur und Identität, verließ Vater und Mutter und ihr Heimatland und kam zu einem fremden Volk (Ruth 2,11). Das Vertrauen auf Jahwe war stärker als die Furcht vor Armut, Einsamkeit und Ablehnung als arme Witwe in einem fernen Land (Ruth 2,12). Wie bei der Frau im Buch der Sprüche war ihre vorherrschende Eigenschaft die Furcht des HERRN.

### 2. Treue

Ruth verkörpert Treue zu ihrer Schwiegermutter. „Wo du stirbst, da will auch ich sterben, und dort will ich begraben werden. So soll mir der HERR tun und so hinzufügen – nur der Tod soll mich und dich scheiden" (Ruth 1,17). Ruth entschied sich, ihr heidnisches Erbe ein für allemal auszuschlagen. Die Frau in Sprüche 31 erwies Treue zu ihrem Ehemann. Er vertraute ihr sicher in jeder Hinsicht und war überzeugt, daß sie ihm nur Gutes und keinen Schaden bringen würde (Spr 31,11.12).

## 3. Initiative

Ruth war, was ihre Versorgung betrifft, nicht von ihrer Schwiegermutter abhängig. Aus eigenem Antrieb suchte sie ein Feld, auf dem sie lesen könnte. Gleich der Frau in Sprüche 31, die bereitwillig mit ihren Händen arbeitete (Spr 31,13) und für ihre Familie Besonderes tat (Vs.14,15,27), ergriff Ruth die Initiative, anstatt zu warten, bis andere sie zwingen würden.

## 4. Sorgfalt

Ruth vollendete, was sie begann. Andere beobachteten ihre Beständigkeit. Der Knecht des Boas empfahl ihre Ausdauer (Ruth 2,3.7). Sie hielt Tag für Tag aus, um ihre Arbeit zu vollenden (Ruth 2,23). Wie bei der Frau in Sprüche 31, konnte man auf sie zählen, wenn es um die Vollendung eines Werkes ging (Spr 31,15.17.18.27).

## 5. Großzügigkeit

Ruth dachte an die Bedürfnisse anderer. Nachdem sie den ganzen Tag hart gearbeitet und Gerste gesammelt hatte, „hob sie es auf und kam in die Stadt, und ihre Schwiegermutter sah, was sie aufgelesen hatte" (Ruth 2,18). Zu Mittag hatte Boas ihr einige geröstete Körner angeboten. Ruth brachte Noomi auch, „was sie übriggelassen, nachdem sie sich gesättigt hatte" (Ruth 2,18b). Die Frau in Sprüche 31 sorgte in ähnlicher Weise für die Nöte anderer, auch wenn es ihr dadurch an Schlaf mangelte (Spr 31,15). „Ihre Hand öffnet sie dem Elenden und streckt ihre Hände dem Armen entgegen" (Spr 31,20).

## 6. Tüchtigkeit

Boas sagte über Ruth, daß „alles Volk im Tor erkennt, daß du eine tüchtige Frau bist" (Ruth 3,11). Wie die Frau in Sprüche 31 fiel sie durch edlen Charakter, vortrefflichen Geist und reines Leben auf (Spr 31,10). Die Beschreibung als „tüchtige Frau" wird in der Schrift nur diese beiden Male verwendet.

## Gott segnet gottesfürchtige Frauen

Die tüchtige Frau im Buch der Sprüche empfing große Ehre. Ihr Ehemann, ihre Kinder und ihre Gesellschaft priesen sie spontan. Weil sie Gott an die erste Stelle setzte, erfüllte Er ihre Bedürfnisse.

Ebenso ist Ruth ein Beispiel für Matthäus 6,33. Indem sie Jahwe zuerst suchte, empfing sie das Verlangen ihres Herzens. Als sie sich entscheid, dem HERRN zu folgen und nicht den Göttern Moabs, hatte sie kaum Hoffnung, mehr als eine Fremde zu sein, die in den Feldern Bethlehems arbeiten würde. Sie muß sich wie der Psalmist gefühlt haben, der rief: „Ich will lieber an der Schwelle stehen im Haus meines Gottes als wohnen in den Zelten der Gottlosen" (Ps 84,10b). Trotzdem wurde die gottesfürchtige Witwe im Land aufgenommen, von der Gemeinschaft respektiert und von einem bedeutenden Führer in Israel gerettet, dem Besitzer der Felder, wo sie Ähren las. Der Messias würde von ihrem ersten Kind abstammen (Ruth 4,17; Matth 1,5).

Von der Geschichte Ruths lernen wir, daß der Schlüssel für größere Entscheidungen darin liegt, den HERRN an die erste Stelle zu setzen. Wir sollten Übersiedlungen meiden, nur um materielle Vorteile zu erzielen. Noomi und Elimelech gingen nach Moab, um ihre Gesundheit zu bewahren. Elimelech und seine zwei Söhne starben. Ruth ging nach Bethlehem, um dem Herrn zu dienen, obwohl die Übersiedlung ihre finanzielle Sicherheit bedrohte. Sie empfing Segnungen, die sie sich nie erträumte.

Als Unverheiratete sollten unsere Aktivitäten nicht drauf konzentriert sein, einen Mann zu „angeln". Unser Ziel sollte sein, die Beziehung zu Gott zu vertiefen. Eine Frau, die geistlich wächst, ist eines reiferen Mannes wert, wenn sie heiratet. Auch wenn Gott sie dazu beruft, für Ihn ganz abgesondert zu sein, ist sie erfolgreicher und zufriedener als eine unverheiratete Frau, weil sie göttliche Eigenschaften besitzt.

# Sprüche 31:
# eine verheiratete kostbare Frau

*Studienblatt*

1. Lesen Sie nochmals Sprüche 31,10-31. Welche neuen Erkenntnisse haben Sie gewonnen, seitdem Sie diese Stelle am Beginn des Kurses gelesen haben?

   Haben Sie sich seit Beginn des Kurses in irgendeiner Weise positiv verändert? Erläutern Sie!

   Halten Sie sich jetzt für geeigneter, einen Jungen zu beraten, wie er zu einem Mann wird, oder ein Mädchen, wie sie eine kostbare Frau sein kann? Was hat Ihnen am meisten geholfen?

2. Denken Sie über Sprüche 31,11.12 nach. Was bedeutet „an Ausbeute wird es ihm nicht fehlen"?

   Wie wird es in der Praxis aussehen, daß sie ihrem Leiter Gutes und nichts Böses erweist?

   Was ist an dem Ausdruck „alle Tage ihres Lebens" bedeutsam?

3. Der Ehemann der Frau in Sprüche 31 vertraut ihr vollkommen. Welche Eigenschaften sollten einen Ehemann (Eltern, christlichen Leiter, Chef, Mitbewohner, etc.) Ihrer Erfahrung nach dazu bringen, Ihnen zu vertrauen?

Fällt Ihnen ein Beispiel aus Ihrer Erfahrung ein, wie der Verstoß gegen eine dieser Eigenschaften einen Mangel an Vertrauen bewirkte?

4. Nennen Sie Charaktereigenschaften (wie Kreativität oder Initiative), die im Leben der Frau in Sprüche 31 sichtbar werden.

Welche Eigenschaft wollen Sie in Ihrem Leben am liebsten verstärkt sehen? Warum?

5. Vergleichen Sie die Anschauungen der Menschen über Charme und Schönheit mit den Gedanken Gottes (1. Sam 16,7; Spr 31,30).

Inwiefern ist Anmut trügerisch und Schönheit nichtig?

6. Vergleichen Sie Sprüche 31 und Titus 2,3-5 mit den Vorstellungen über Frauen, die Sie in der heutigen Welt allgemein hören.

# Sprüche 31:
# eine verheiratete kostbare Frau

*„Trügerisch ist Anmut und nichtig die Schönheit; eine Frau aber, die den HERRN fürchtet, die soll man rühmen."* (Spr 31,30)

Die Welt erklärt Schönheit zum Geheimnis des Glücks und verlockt Frauen dazu, eine Unzahl von Stunden und Geld in körperliche Reize zu investieren. Wenn eine Frau etwas nicht durch Aussehen erreichen kann, dann wird sie aufgefordert, es mit Charme oder Status zu versuchen. Aber die Umstände wechseln. Ein Unfall kann die Beweglichkeit oder die körperliche Erscheinung eines Menschen verändern. Krankheit kann eine bewegliche Frau ungeschickt machen oder eine hübsche Frau unansehnlich. Eine Millionärin heute kann eine Arme morgen sein.

Gott sagt: „Trügerisch ist Anmut und nichtig die Schönheit" (Spr 31,30), oder mit anderen Worten, äußerliche Eigenschaften sind nicht von bleibendem Wert. Sie sind vergänglich, leer, wertlos und vorübergehend. Der Unterschied zwischen der Sicht Gottes und der Sicht der Menschen wird in 1. Samuel 16,7 zusammengefaßt: „Denn der HERR sieht nicht auf das, worauf der Mensch sieht. Denn der Mensch sieht auf das, was vor Augen ist, aber der HERR sieht auf das Herz." Körperliche Schönheit kann vergehen und sozialer Status zusammenbrechen, aber nur innerliche Eigenschaften, die in der Person Jesu Christi verwurzelt sind, können die Stürme und Anforderungen des Lebens überdauern.

## Die Eigenschaften von Titus 2 in Sprüche 31

Der Gegenstand unseres Studiums in diesem Kurs war das Vorbild der Frau, wie es in Titus 2,2-5 beschrieben und in Sprüche 31 illustriert wird. Die ersten sechs Lektionen behandelten den persönlichen Wandel einer gottesfürchtigen Frau mit Gott. Beginnend mit der siebenten Lektion dachten wir über ihre Beziehungen zu anderen nach. Sie redet mit Freundlichkeit (Spr 31,26b), besitzt Selbstbeherrschung, liebt ihren Mann (V. 11), liebt ihre Kinder (V. 28), verkörpert Reinheit (Vs. 10 und 25), führt den Haushalt (V. 27), tut Gutes (V. 20) und unterstützt ihren Mann bei der Leitung (V. 23).

Als Zusammenfassung des Kurses wollen wir die Frau in Sprüche 31

anhand ihrer Charaktereigenschaften betrachten. Sie besaß viele praktischen Fähigkeiten, aber Gott schreibt nicht dieselben Taten für alle Frauen
in allen Kulturen vor. Eine gottesfürchtige Frau muß nicht Stoffe weben,
Weinberge pflanzen oder Teppiche knüpfen. Gott gab jeder einzelnen Frau
verschiedene Interessen, Fähigkeiten und Verantwortungen. Um das Vorbild der kostbaren Frau vollkommen zu verstehen, müssen wir überlegen,
wie ihre Taten ihr Inneres widerspiegelten.

Denken Sie über die Stelle in Sprüche 31 Vers für Vers nach, indem Sie
nicht nur auf die Taten sondern auf die Liste der dadurch geoffenbarten
Eigenschaften blicken.

## Die einzelnen Charaktereigenschaften

*Vers 11: Diskretion, Verantwortung, Ehrlichkeit, Sparsamkeit, Dankbar-
keit, Fröhlichkeit und Tugend.*

„Ihr vertraut das Herz ihres Mannes, und an Ausbeute wird es ihm nicht
fehlen."

Ein Ehemann kann einer **diskreten** Frau vertrauen, die mit Worten und
Taten sorgfältig umgeht. Er kann einer **verantwortungsvollen** Partnerin
vertrauen. Das Essen wird rechtzeitig fertig sein, damit er Termine einhal-
ten kann. Saubere Socken werden für ihn am Morgen bereitliegen. Er kann
einer **ehrlichen** Frau vertrauen, weil er weiß, daß ihr Wort zuverlässig ist.
Mit einer **sparsamen** Frau muß ein Mann nicht fürchten, das hart verdiente Geld unnötigerweise zu verlieren, weil seine Frau mit Geld verschwenderisch umgeht. Er kann versichert sein, daß jeder Pfennig klug verwendet
wird. Andere werden ihn achten, wenn sie ihren **fröhlichen** und strahlenden Geist sehen. Er weiß, daß sie echte **Dankbarkeit** für Dinge zeigt, die
er ihr schenkt. Und am wichtigsten von all dem wird ein Mann einer treu-
en und tugendhaften Frau vertrauen, die sich für ihn allein bewahrt. Sie
wird ihn niemals wegen einer ehebrecherischen Beziehung verlassen. Ihre
Hingabe zu ihm wird anhalten.

*Vers 12: Treue, Verläßlichkeit und Feingefühl*

„Sie erweist ihm Gutes und nichts Böses alle Tage ihres Lebens."

Eine gute Ehefrau wird es zu ihrer beständigen Aufgabe machen, ihrem
Mann zu gefallen (1. Kor 7,34), seine Wünsche zu kennen und sich ihnen
anzupassen, nicht nur in den frühen Tagen ihrer Ehe sondern für immer.

Ein Mann kann dem Verhalten einer **treuen** Frau vertrauen. Sie macht ihn nicht bei anderen schlecht und seinem Namen keine Schande. Er kann sich ihrer Unterstützung gewiß sein. Er kann sich auf sie **verlassen**, daß sie sich nicht auf seine Kosten erhebt oder seinen Rat mißachtet. Mann kann ihr die Führung des Haushaltes anvertrauen. Ein Ehemann braucht eine **feinfühlige** Frau, die weiß, wann sie ihm Raum zum Denken geben muß, und die ihm nicht jeden Fehler sofort vorhält.

*Vers 13: Initiative, Kreativität, Ideenreichtum, Freudigkeit*

„Sie kümmert sich um Wolle und Flachs und arbeitet dann mit Lust ihrer Hände."

Ein Mann sehnt sich nach einer Frau, die häusliche **Initiative** ergreift, eine Partnerin, die Verantwortungen wahrnimmt, ohne zu warten, bis man sie darauf hinweist. Sie macht sorgfältig notwendige Besorgungen, in diesem Fall Wolle und Flachs, Rohmaterialien zum Weben. Mit **Kreativität** sorgt sie für die Nöte der Familie und hat **Ideen**, auch wertlose Gegenstände zu nutzen. Ein Ehemann freut sich über eine Frau, die mit **Freude** arbeitet.

*Vers 14: Sparsamkeit, Kreativität und Fleiß*

„Sie gleicht Handelsschiffen, von weit her holt sie ihr Brot herbei."

Ihr **sparsames** Wesen unterdrückt nicht ihre **Kreativität** beim Zubereiten von Mahlzeiten. Als **fleißige** und hart arbeitende Einkäuferin sucht sie sorgfältig Lebensmittel aus. Ihre besonderen Mahlzeiten sind wie importierte Spezialitäten.

*Vers 15: Ordentlichkeit, Initiative und Gewissenhaftigkeit*

„Und sie steht auf, wenn es noch Nacht ist, und gibt Speise ihrem Haus und das Angemessene ihren Mägden."

Diese **ordentliche** Frau plant im Voraus. Sie ergreift die **Initiative** und steht früh auf, um die Arbeit für den Tag zu verteilen. Eine Frau heute verglich die Mägde, die sie anleitete, mit ihrem Staubsauger, ihrer Waschmaschine, ihrem Trockner, dem Mixer oder anderen modernen Haushaltsgeräten. Wer Hausunterricht gibt, kann die Verantwortung sehen, den Kindern die Aufgaben früh am Morgen zu geben. Hauswirtschaft kann eine praktische „akademische" Hausaufgabe sein.

Manche Kommentatoren vergeistlichen die Speise, die sie ihren Mägden gibt, als geistliche Speise. Sie weisen darauf hin, daß sie eine morgendliche stille Zeit hatte.

*Vers 16: Wirtschaftlichkeit und Fleiß*

„Sie hält Ausschau nach einem Feld und erwirbt es; von der Frucht ihrer Hände pflanzt sie einen Weinberg."

Sie investiert sorgfältig Geld, das sie durch ihre eigenen Fähigkeiten erworben hat. In ihrer **Wirtschaftlichkeit** arbeitet sie **fleißig**, um Pflanzen zu züchten, die Früchte für die Familie für die kommenden Jahre bringen.

*Vers 17: Fleiß*

„Sie gürtet ihre Lenden mit Kraft und macht ihre Arme stark."

Sie macht nicht nur sorgfältige Handarbeit oder andere sitzende häusliche Tätigkeiten, sondern sie ist auch zu Arbeiten fähig, die alle ihre Kraft verlangen. Sie bleibt körperlich fit. Manche Ausleger wenden diesen Vers auch auf geistliche Stärke an (Eph 6,14).

*Vers 18: Zufriedenheit und Fleiß*

„Sie merkt, daß ihr Erwerb gut ist; auch nachts erlischt ihre Lampe nicht."

Ihr sorgsamer Umgang mit Zeit bewahrt sie vor unnötigen Anstrengungen. Sie findet **Zufriedenheit** und Erfüllung in ausdauernder Arbeit. Alle ihre unermüdliche Arbeit zahlt sich aus.

*Vers 19: Kreativität und Ideenreichtum*

„Sie streckt ihre Hände aus nach der Spinnrolle, und ihre Finger ergreifen die Spindel."

Sie beschäftigt sich sowohl mit neuen Arbeiten (neuen Stoff spinnen) als auch damit, frühere Dinge zu reparieren oder fortzusetzen (ihre Hand ergreift die Spindel). Die Bedeutung des hebräischen Wortes, das mit „Spindel" übersetzt wird, ist unsicher. G.R. Driver meint, es bedeutet „ausbessern".[1]

---

[1] G. R. Driver, Journal of Theological Studies, 1922, Seite 407.

*Vers 20: Großzügigkeit und Gastfreundschaft*

„Ihre Hand öffnet sie dem Elenden und streckt ihre Hände dem Armen entgegen."

**Großzügig** gibt sie denen, die finanziell nicht so gut dastehen (den Armen), und sie hilft denen, die sich in geistlichen Nöten befinden (den Elenden). In ihrer **Gastfreundschaft** öffnet sie ihre Schätze und ihr Heim für andere.

*Vers 21: Sicherheit und Verantwortung*

„Nicht fürchtet sie für ihr Haus den Schnee, denn ihr ganzes Haus ist in Karmesinstoffe gekleidet."

Sie fühlt sich **sicher**, auch wenn das Wetter unerwartet umschlägt. Schnee ist während der Regenzeit in Palästina keine Seltenheit und wird oft von klirrender Kälte begleitet. Sie fürchtet nicht den herannahenden Winter, weil sie ihre ganze Familie mit Karmesinstoffen versorgt hat, das heißt mit Gewand aus dichten Stoffen. Das Wort „Karmesinstoff" hatte ursprünglich eine doppelte Bedeutung. Es bezieht sich nicht nur auf warme Kleidung sondern auch auf die rote Farbe (ein Symbol für das Blut Christi). Vergleiche Josua 2,18.19 und Hebräer 9,19-22.

*Vers 22: Kreativität und Tugend*

„Decken macht sie sich; Byssus und roter Purpur sind ihr Gewand."

Das Wort „Byssus" wird oft mit „Leinen" übersetzt. Leinen ist ein Symbol für die Gerechtigkeit (Offb 19,8) und Purpur ein Symbol für das Königtum. Wir sind Töchter des Königs (Ps 45,10).

*Vers 23: Treue und Weisheit*

„Ihr Mann ist bekannt in den Toren, wenn er Sitzung hält mit den Ältesten des Landes.

Eine **treue** und **weise** Gehilfin fördert ihren Mann als Leiter in der Gemeinschaft.

*Vers 24: Kreativität, Ideenreichtum, Sparsamkeit und Sorgfalt*

„Kostbare Hemden macht sie und verkauft sie, und Gürtel liefert sie dem Kaufmann."

Sie fertigt in ihrer freien Zeit ein marktfähiges Produkt, vielleicht bildet sie auch ihre Kinder heran, um ihr bei ihrer Heimarbeit zu helfen.

*Vers 25: Reinheit, Diskretion, Sicherheit und Freude*

„Kraft und Hoheit sind ihr Gewand, und unbekümmert lacht sie dem nächsten Tag zu."

Diese **reine**, diskrete und fleißige Frau muß nicht mit Schuldgefühlen kämpfen, daß sie andere irre geleitet hat. Sie kann zuversichtlich in die Zukunft blicken. Ihre Stärke umfaßt emotionale Widerstandskraft, so daß sie wechselnde zeitliche Umstände, die eine weniger stabile Person erschüttern könnten, überstehen kann.

*Vers 26: Weisheit und Feinfühligkeit*

„Ihren Mund öffnet sie mit Weisheit, und freundliche Weisung ist auf ihrer Zunge."

Ihre **weisen** Worte sind wie Gnade, mit Salz gewürzt. Sie weist auch eine Freundin zurecht, wenn es notwendig ist, doch macht sie es mit **Freundlichkeit**.

*Vers 27: Ordentlichkeit und Sorgfalt*

„Sie überwacht die Vorgänge in ihrem Haus, und das Brot der Faulheit ißt sie nicht."

Sie lungert nicht herum oder verschwendet Zeit. Sie nimmt ihre Verantwortungen zu Haus wahr.

*Vers 29: Vorzüglichkeit*

„Viele Töchter haben sich als tüchtig erwiesen, du aber übertriffst sie alle!"

Tugend ist nur eine der Eigenschaften, die bei dieser Frau gelobt wird. Eine reine Frau ist wertvoll, aber nicht so selten wie eine, die alle **vorzüglichen** Eigenschaften besitzt, die durch die Frau in Sprüche 31 verkörpert werden.

*Vers 30: Ehrfurcht, Furcht des Herrn*

„Trügerisch ist Anmut und nichtig die Schönheit; eine Frau aber, die den HERRN fürchtet, die soll man rühmen."

Die Furcht des HERRN kommt vom Vertrauen auf Ihn und bringt Sicherheit und Weisheit. Matthew Henry erklärt:

„Schönheit macht niemanden bei Gott angenehm, auch ist es kein Anzeichen für Weisheit oder Gütigkeit, sondern sie hat viele Männer getäuscht, die danach eine Frau ausgewählt haben. Es ist möglich, daß eine unreine, zerstörte Seele in einem gefälligen und schönen Körper wohnt. Viele kamen sogar durch ihre Schönheit in Versuchungen, die ihre Tugend, ihre Ehre und ihre wertvollen Seelen zerstört haben. Sie ist höchstens eine verblassende Sache und daher trügerisch und nichtig. In kurzer Zeit kann eine Krankheit sie beflecken und zerstören. Durch einen Unfall kann diese Blume in ihrem Frühling verdorren. Im Alter wird sie bestimmt dahinschwinden und im Tod und im Grab verzehrt. Aber die Furcht Gottes im Herzen ist die Schönheit der Seele... sie wird in Ewigkeit bestehen und dem Tod selbst Widerstand leisten, der zwar die Schönheit des Körpers zerstört, aber die Schönheit der Seele vollendet."[2]

Der Erfolg der idealen Frau ist nicht das Produkt des Zufalls oder einfach Glück. Sie wird gesegnet, weil ihr Leben in der Furcht Gottes gegründet ist.

*Vers 31*

„Gebt ihr von der Frucht ihrer Hände, und in den Toren sollen ihre Werke sie rühmen!"

## Zusammenfassung

Wenn wir auf diesen Kurs zurückblicken, dürfen wir nicht entmutigt sein, wenn wir sehen, in wievielen Bereichen wir wachsen müssen. Gott arbeitet daran, unseren Charakter in Sein Bild umzuformen, aber Sein Werk ist noch nicht zu Ende. Betrachten Sie das Gesamtziel, das in dieser idealen Frau liegt, als Herausforderung, aber denken Sie daran, daß Diamanten nicht an einem Tag entstehen. Echte Juwelen benötigen Jahre der Arbeit gepaart mit geschickten Händen, die die Feinarbeit leisten. Das Gesamtziel wird nicht durch das Studieren (oder Schreiben) dieses Kurses zur Gänze erreicht werden. Die Schau, die dadurch vermittelt wurde, wird hoffentlich ein Leben lang Veränderungen zum Guten mit sich bringen.

---

[2] Matthew Henry, Matthew Henry's Commentary on the Whole Bible, Fleming H. Revell, Seite 976.

Autobiografie
# D. Deibler-Rose
*Gottes Hand im Dschungel des 2. Weltkrieges*

Hardcover

248 Seiten
18,80 DM
ISBN 3-89397-346-X

Die erschütternde Geschichte der jungen Missionarin Darlene Deibler-Rose, die an der Seite ihres Mannes als Pioniermissionarin nach Neuguinea reist. Doch dann beginnt der 2. Weltkrieg, das Ehepaar wird auseinandergerissen und gerät in japanische Gefangenschaft, wo der Mann an den Folterungen stirbt. Darlene bleibt bis zum Kriegsende unter unvorstellbaren Umständen in Gefangenschaft, erlebt aber bei allen Grausamkeiten der Japaner Gottes Hilfe und Beistand und wird vielen Frauen im Lager Stütze und Vorbild, den japanischen Peinigern jedoch zur Herausforderung. Ein wertvolles Glaubenszeugnis, das Mut macht, auch in schwierigsten Situationen auf Gott zu vertrauen.